# 文郁紀念冊

## 癌症藥劑師天使

1967年7月4日～2021年3月14日

### In Loving Memory to Our Daughter Wenyu

◎陳卿珍 莊燊南 編著

美商EHGBooks微出版公司
www.EHGBooks.com

EHG Books 公司出版
Amazon.com 總經銷
2023 年版權美國登記
未經授權不許翻印全文或部分
及翻譯為其他語言或文字
2023 年 EHGBooks 第一版

Copyright © 2023 by Chinjen Chuang
Manufactured in United States
Permission required for reproduction,
or translation in whole or part.
Contact: info@EHGBooks.com

*ISBN-13：978-1-64784-194-2*

# 目錄

◇序一：我的女兒莊文郁 .................................................. 1
　　◎陳卿珍 ............................................................ *1*

台灣的童年 ............................................................. 3

美國的學習階段 ......................................................... 7

進修 ................................................................... 8

工作 ................................................................... 9

得病 .................................................................. 12

與病痛搏鬥 ............................................................ 16

求生的希望 ............................................................ 21

離去 .................................................................. 22

最後的瞻仰 ............................................................ 24

家祭 .................................................................. 25

女兒的照片 ............................................................ 27

同事們的追思會 ........................................................ 28

| 骨灰盒 | 30 |
| 親愛的女兒…… | 32 |

## ◇序二：懷念文郁—來自父親 .................................. 35
◎莊燊南 ........................................................................ 35

## ◇序三：回憶文郁—來自母親 .................................. 43
◎陳卿珍 ........................................................................ 43

| 陪伴女兒的一天 | 46 |
| 錯置的尿道支架 | 50 |
| 家有狗奴 | 56 |
| 狗兒莫琪 | 60 |
| 女兒的婚姻事 | 64 |
| 希望明天可以回家 | 68 |
| 期待女兒明天能回家 | 70 |
| 又在一起用餐了 | 72 |

## ◇關於文郁—來自親朋好友 .................................. 75

### 憶小友文郁 .................................................................... 77
◎謝宗熙 ........................................................................ 77

### 追憶文郁 ........................................................................ 80
◎芸芸 ............................................................................ 80

博愛為懷的文郁 ............................................................... 85

　　◎漢湘 ............................................................................ 85

端莊聰慧的文郁 ............................................................... 93

　　◎簡慈萱 ......................................................................... 93

無端風雨摧花殘─憶文郁 ............................................... 95

　　◎高婷鈴 ......................................................................... 95

親愛的文郁 ....................................................................... 99

　　◎高鈞偉 ......................................................................... 99

追憶文郁 ......................................................................... 102

　　◎嚴琪 .......................................................................... 102

來自媳婦的追憶 ............................................................. 105

　　◎媳婦 Sherri　(From my daughter-in-law) ................ 105

來自孫女 Kinsey 的追憶 ............................................... 107

　　◎孫女 Kinsey　(From my grand daughter) ............... 107

來自孫女 Kaylee 的追憶 ............................................... 109

　　◎孫女 Kaylee　(From my grand daughter) ............... 109

◇後記：跟女兒說話 ..................................................... 115

　　◎陳卿珍 ........................................................................ 115

## ◇序一:我的女兒莊文郁

◎陳卿珍

我親愛的女兒莊文郁於二〇二一年三月十四日永遠離開了我們。今年三月十四日是她離開後的整整一年,紀錄一些有關她與我們一起生活五十四年的生活點滴——紀念她。

# 文郁紀念冊 癌症藥劑師天使

女兒離開一年後，醫院的行政當局與三十幾位同事，在醫院戶外的玫瑰園，舉行一次追思會，並在一塊粉紅色的地磚上刻著女兒的名字：

*In Loving Memory Wenyu Chuang Pharmacy's Angel*

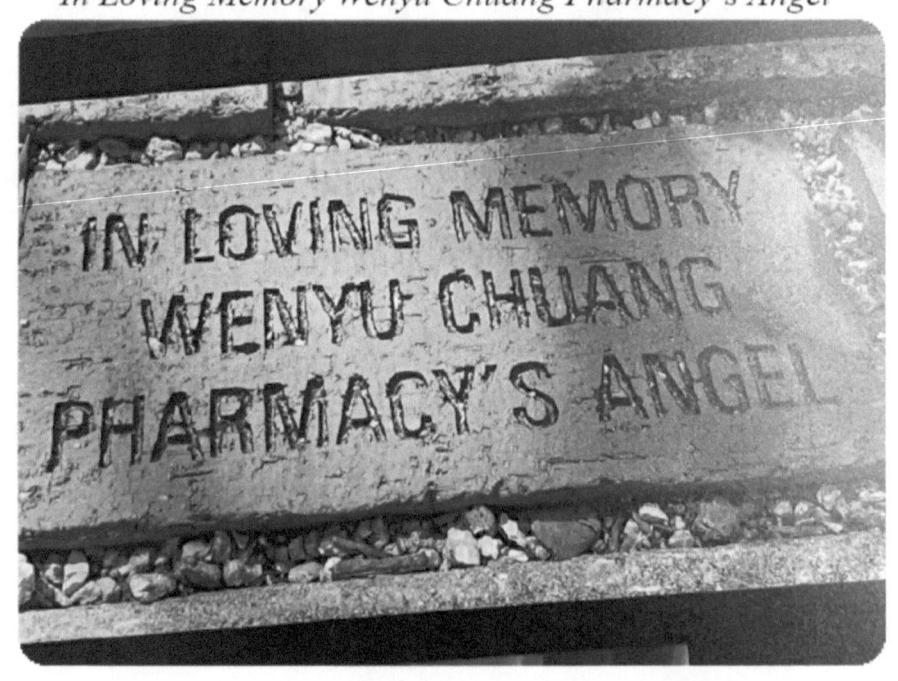

一年後還有這麼多人記得女兒，讚美女兒如今是藥劑師的天使。

## 台灣的童年

女兒出生在台北的婦產科醫院,是第二胎,沒有像第一胎的兒子,因為羊水沒有完全破,幾次去醫院,幾次被送回家。

八磅重的女兒幾乎來不及進產房,就急匆匆報到人間。

女兒六個月大時,得了那時我們不認識的百日咳,每次咳嗽起來臉紅脖子粗,涕淚直流呼天搶地,極端痛苦。把她抱在我的肩頭,拍著她弓著的肩背。

那麼小的她,就開始經歷跟病痛搏鬥的辛苦,這搏鬥在五十三年後,又跟隨她的病情開始持續下去。

五歲的時候,她手牽著同樣年齡的阿祐,一副小姊姊的樣子,一間間教室找阿祐的媽媽瑞美。那時我和瑞美都在台北盲聾學校做老師。

女兒向教室看一眼「不對,這間不是你媽媽。」小姊姊牽著小弟弟走向另外一間教室。

那麼小小年紀,一副大人的模樣。

# 文郁紀念冊
### 癌症藥劑師天使

# 文郁紀念冊 癌症藥劑師天使

## 美國的學習階段

六歲大時,我帶著她和比她大兩歲的哥哥,到美國跟先生相聚。

先生出國後女兒跟我睡一張床,夜晚總要用她的小手捏著我的耳垂才能安心入睡。

那天半夜推開我們的臥室,找尋每晚捏著耳垂的媽媽;她知道以後媽媽不是專屬她一個人的了。

她進入小學讀一年級,有一位專門輔導雙語教學的黑人老師名叫凱瑟琳,女兒說,她是一位以後求學過程中,難得遇到的好老師之一,她會永遠記得這位老師。

女兒聰明學習成績優秀,很快就從雙語班進入普通班,順利畢業上初中高中。高中畢業全校九百名畢業生她名列第九。

她選擇德州首府奧斯丁大學,攻讀電腦系,一年後轉系讀藥劑系,畢業後做了一年藥劑師,又到休士頓大學繼續讀完藥劑師的碩士及博士學位。

那時我開玩笑說:「妳總在學校讀書,偷懶不肯找工作吧!」

# 進修

女兒覺得即使博士學位，知識領域有一定的限制，決定考專門從事癌症專業的藥劑師執照。這是很具有挑戰性的考試，參考資料厚厚幾大冊，像大英百科全書。她每天下班後在家苦讀，常常累得打瞌睡，她捶打自己的大腿，重捏手臂，喝濃咖啡，苦讀三個多月報名參加考試。

考完後她喪氣的告訴我「媽媽，我考得好糟，一定不會通過。」轉而語風一轉「沒關係，明年再考。」

接到考過的通知，她跳起來「媽媽，我考過了！我考過了！」

辦公室同事為她舉行慶祝會，上司立刻為她晉級加薪，整個辦公室參加考試的好幾位，只有她一人考過了。

想不到擁有癌症博士藥劑師執照的她，癌症卻成為她生命終結的殺手！

## 工作

女兒在醫院做藥劑師，治療癌症的藥，通常貴得離譜，她常常通過不同的管道，幫助經濟能力不能負擔昂貴醫藥費的病人，找到同樣效果而費用低很多的藥，或是在網上搜尋可用的（coupon）優惠券，幫助病人減輕負擔。

她用同樣的方式從網路上多方搜尋，常常替醫院每年省下上萬的醫藥費，她的頂頭上司蓋瑞視她為難得的為醫院賺錢的優秀員工，非常器重她！

她常常自己開車為急需藥物的病人，或是什麼原因無法自己來拿藥的病人送藥到家，病人對她千恩萬謝，送她一缽小花、一隻筆、一本書等花費不多意義深遠的禮物。

很多吸毒上癮的癮君子，會用其他病人或親屬的關係，冒領嗎啡之類的止痛藥。女兒總是苦口婆心，勸導他們嗎啡上癮的嚴重後果。長期服用自己身體衰竭而亡，家人傾家蕩產後果不堪設想。

# 文郁紀念冊 癌症藥劑師天使

10

◇序一：我的女兒莊文郁 | 11

# 得病

2012 年,女兒因卵巢有疑似癌變而割除一個,每年做追蹤檢查。後來因為沒有任何症狀,忽略了一年沒有檢查。沒想到一次的忽略造成終身遺憾。

2015 年診斷得了 Sarcoma 中文是肉腫瘤。發現的時候已經是第四期。我們到全美以治療癌症著名的 MD Anderson 醫院去治療。主治醫師班傑明是這方面的權威專業醫生。經過化療、放療讓腫瘤縮小到可以安全手術的標準。

女兒從 2015 年 5 月 26 日,開始化療,2015 年 11 月 4 日開始放療,2016 年 1 月 25 日手術割除腫瘤。2016 年 3 月 31 日再繼續化療,直到 2016 年 8 月 25 日年完成全部化療。

記憶裡她總共做了 37 次化療,28 次放療。

癌症專業藥劑師的女兒,一定知道化療和放療對身體造成無可彌補的傷害。但是病人沒有選擇的權利;能活下去還是最重要的。

在休士頓化療，放療期間，我們租了一個公寓，住了兩個多月。我們認識多年的小朋友嚴琪，從重慶飛來陪伴我們，開車接送女兒進出醫院，幫忙照顧女兒手術前後的一切瑣碎事情，減輕我們做父母的許多重擔，她成為女兒最好的朋友之一。

　　女兒回來達拉斯，在她工作的醫院做化療及放療，嚴琪再次飛來我們家照顧女兒。包括每天到醫院陪女兒聊天、做女兒愛吃的川菜、讓女兒被化療傷害的胃口能換著口味。還有按摩女兒手術後 24 小時痠痛的左腿等。嚴琪嘰嘰喳喳像不停唱歌的鳥兒，讓病中的女兒心情開朗快樂。朋友說「即使親姐妹也不一定能做得這麼好。」我們只有一個女兒，嚴琪是上天送給我們的另外一位女兒。

　　在自己工作的醫院，每天有同事或朋友來看她，跟她說話聊天。她完成治療的那一天，同事們用一張大大的黃色硬紙版，寫下祝福康復的話語，為她舉行出院告別式，每人準備了豐盛的食物，女兒雖然被化療糟蹋得沒有一點胃口，還是打起精神，笑著淺嚐。

　　女兒開始正常的生活，正常的做一個朝九晚五的上班族。

　　我也以為像童話故事的結局「從此一家人過著幸福快樂的生活。」

我們和女兒沒有童話故事的結局，女兒的生活路走得坎坷不平。

手術後醫生說腫瘤太大壓迫到左邊排尿管，以後尿管要放一個支架（stent）讓尿道順暢，支架每六個月換一次。聽了醫生的勸告，改放一年只需換一次的金屬支架，手術過程中，醫生把支架放到原本完好的右邊尿道，放置過程中又出了差錯，從此腎臟功能每況愈下。讓原來只要左邊的一個支架，變成兩邊都要放支架。原本不需要掛尿袋的，到一邊掛尿袋，到兩邊都要掛尿袋。

這一重大的錯失，讓女兒兩個腎臟功能越來越衰退，漸漸喪失造血功能，成為她生命終結的間接殺手。

雖然醫生和醫院都承認錯誤，寫信道歉，但是白紙黑字，隱藏著女兒漸漸遠離生命的軌跡，我們將會永遠失去她。

尿管跟腎臟接觸部位，無法避免的常常感染發炎，要經常去急診。不幸在急診室感染了新冠病毒。

2020 年 12 月，我也因為感染新冠病毒而住院，住在醫院專為感染病人居住的七樓病房，跟女兒同一樓層。

永遠不會忘記生命中的那一刻，十二月十五日中午時分，護士推著輪椅上的女兒，到我的病房來看我。一聲響亮的「媽媽」，我驚喜得恍如隔世，淚水奪眶而出，擁抱女兒入懷。

總以為我會是先離開的老母親，女兒是天經地義存活的年輕人。最終卻是白髮人送黑髮人的淒涼悲傷……

## 與病痛搏鬥

女兒開始長期與病痛搏鬥的生涯。

插著兩根腎管，掛著兩個藏在褲管裡的尿袋，雖然不方便，但是照常上下班。

女兒說「五年前我已經逃過一次死亡的約會，我要做一個勇敢的鬥士。這次一定戰勝腎臟的疾病。」

女兒堅強、樂觀、充滿鬥志要戰勝病魔，從不退縮。我們都信心滿滿，女兒會陪我們走過生命中的漫長歲月。

我每星期一次，替她清洗腎管接口，換藥貼紗布，從最初的戰戰兢兢，做到後來的得心應手。女兒每次都說「媽媽，妳做得比醫院的護士都好，一點都不痛。」

「女兒啊！我不能代替妳插腎管，不能代替妳掛尿袋，不能代替妳上班讓妳多休息，我能做的就是這點事情了。」

2020年的11月，女兒診斷得（Leukemia cancer），就是可怕的血癌。晴天霹靂把我們震驚得心膽俱裂。後來女兒在新聞上看到，同樣得這病的一位電視台名主播，因為成功得到骨髓移植治療而痊癒。女兒上網查到有關資料，做成一

本厚厚的資料簿。更神奇的我們的兒子，女兒的哥哥跟她的骨髓完全吻合。這一大好消息讓女兒充滿鬥志，要堅強的與病痛搏鬥。可惜後來的一連串化療，讓她的身體沒有達到能夠做骨髓移植的健康標準；她沒有那位名主播的幸運。

被診斷得血癌後的一天，她牽著心愛的狗兒莫旗，跟我在她後院的操場走路，她跟我說「媽媽，我也許再活三五年，也許沒那麼久，我把所有的存款及退休金，都放在一個 trustee 的戶頭，留給您們養老用。我要您們的晚年過得無憂無慮，住最高級的養老院，得到最好的護理照顧。」

女兒在向我交代她的後事，說得那麼平靜，她的內心必然波濤洶湧，只是不要媽媽看到她內心隱藏的掙扎。

好友芸芸曾經說「文郁會傾洪荒之力照顧父母的。」

女兒的確傾全力一生照顧我們，還要在她離開我們之後，繼續照顧我們。

長期住院治療，把醫院住成她的第二個家。她常常盼望能回到自己的家，至少可以回到我們的家。這願望因持續的體溫發燒而不能實現。那時常跟我說「媽媽，希望明天可以回家。」一種天涯遊子有家歸不得的期盼與淒涼。

# 文郁紀念冊　癌症藥劑師天使

住院一個月後，終於 48 小時沒有發燒了，2020 年 7 月 3 日回家了。雖然她已經非常虛弱，要人扶持上下車，要自己扶著助行器緩慢行走，但是她多麼高興終於圓了回家夢。

女兒醫院進進出出，住過加護病房，普通病房，最後因為呼吸道感染肺部而住進專門治療肺部的病房，在那裡她走完生命的終點。

最後一個多月，女兒被每天吞服的類固醇，24 小時注射的點滴，讓灌滿液體的身體腫脹如鉛塊般的沈重。翻一次身成為極其挑戰的困難，坐起躺下更是酷刑的責罰。有一次要推她去樓下做一個檢查，幾位護士合力拉她不動，最後用一塊滑板把她滑上另一個病床。

我淚如噴泉「女兒啊！媽媽不忍心看妳這樣受苦！不忍心啊！」

平日我搬把椅子，坐在女兒病床的尾端，可以清楚看到女兒的面容。可以趁她睡醒的時候，跟她說幾句話。

有時我把椅子移到她的病床邊，握著她的手，看她歪著頭睡覺，忽然睜開眼睛笑著「媽媽，您怎麼不休息一下？」

我累了就會躺在靠窗的長椅子上睡一覺。醒來女兒多半還在睡覺，我就又坐在她的床邊，握著她的手，等她醒來再跟她說話。

因為白血病持續的化療，讓她腎臟造血功能差，幾乎隔一天兩天就要輪流輸紅血球、血小板。伴隨著要打防過敏、防止嘔吐的藥物，讓女兒幾乎整天昏睡不醒。

　　每天和先生輪流去陪伴女兒，用保溫袋帶些平日她愛吃的食物。每次她都歪著頭在睡覺，睡得食物變涼了。

　　先生會叫醒女兒，替她做點抬手舉腿的運動。一天女兒跟我說「媽媽，一直覺得爸爸好嚴格，現在才知道他好疼愛我，怕我受到一點點疼痛。」

　　先生會在床邊講些歷史故事，用手機放些好聽的音樂，後來就唱些歌給女兒聽。

　　聽著聽著，有時女兒睡著了，有時歡呼著「爸爸，這首歌您教我唱過，我也會唱。」

　　女兒走了，先生的歌聲失去了一位知音。他後來寫的懷念女兒的文章有這樣的幾句話「女兒，我還有很多故事，很多好聽的歌沒來得及給妳聽，女兒，魂兮歸來！」

　　女兒清醒的時候，我離開前跟她說再見，她流著眼淚跟我說「媽咪，媽咪，I love you ！I love you very much ！」把「媽媽」換成「媽咪」，是女兒對我更深一層的眷念。是跟我道別前愛的呼喚，是對媽咪眷念不捨的淚水。

女兒堅持奮鬥到生命的最後一分鐘，要戰勝摧殘她的疾病。她活得非常辛苦，卻從不輕言放棄。

當醫生問她：「Do you want to go 7floor hospice?」（妳要換到七樓的安寧病房嗎？）
女兒說「I didn't think about that yet 。」
（我還沒有想過這件事呢！）

聽到這樣的問話，她內心必然有碎裂的疼痛吧！但是她要繼續活下去。

誰不是為自己最後的存活，做最後堅持奮鬥呢？

醫生跟我們說「用了所有治療的藥物，都沒有用了，我們只有放棄治療。」

女兒卻不輕易放棄。

### 求生的希望

　　女兒住在我們家養病。她信心滿滿充滿鬥志的要戰勝病魔，常常比早起的我更早起床，自己推著助行器走到客廳，坐上特別為她買的可以收放自如，躺下坐起，半趟半坐昂貴的沙發椅「媽媽，我一天比一天更好了。」

　　休養期間，養成跟她一起午睡的習慣。母女倆面對面躺在不到一丈距離的椅子上。

　　女兒歪著腦袋睡覺，偶爾聽到我發出夢囈聲，把淺睡的她吵醒了。「媽媽，妳做夢了，不是惡夢吧？」我半醒的睜眼看看她，再沈沈睡去。

　　不知午睡的約會是有期限的，不知道有一天會人去椅空，不然哪裡捨得再沈沈睡去？

## 離去

四歲大的女兒一天從正在遊玩的積木中，突然起身奔跑過來，抱著正在水池邊洗碗的我的小腿「媽媽，我不要妳死。」我擦乾手抱起流淚滿臉的她「媽媽沒有死呀！」

「人家說人老了就會死。」

「媽媽還沒有老呀！」

「妳老了我也不要妳死。」

我編了一個長生不老的謊言，她擦乾眼淚高興的回去玩積木。

五十四年歲月似水流過，我流著眼淚跟重病的女兒說「女兒，妳這麼年輕，不可以比媽媽先走，讓媽媽承受白髮人送黑髮人的傷痛。」

女兒連謊言都沒編一個，萬分無奈的離開了我們。

三月十二日她從插著鼻孔的普通氧氣，換上口罩的加強氧氣，還是呼吸困難，萬分不得已請護士換上呼吸器。

我們趕到醫院，看到她困難的張著口吸氣吐氣。看到她戴上呼吸器之前兩行清淚緩緩流到耳邊，那淚水是大壩潰堤的洶湧，悄悄的跟我們道別「爸爸，媽媽，女兒要離開你們了……」

　　呼吸器是宣示生命終結的信息。護士說今天晚上，最遲明天早晨會注射嗎啡讓她慢慢離去。

　　車子還沒開進車庫，護士來電話「情況有了變化，你們趕快回來。」

　　女兒的呼吸器已經取下，呼吸的嘴形還大大的張開，要跟生命做最後的搏鬥。那是2021年三月十四日傍晚六點三十分。

我們沒有陪伴女兒走過她生命中最後幾分鐘的路程，我被深沉的悲痛麻痺了腦神經，抑或認為女兒絕不會如此快速離開我們，短短幾分鐘的路程啊！我們沒有在她的身邊，那將是我終身的遺憾！

文郁紀念冊 癌症藥劑師天使

## 最後的瞻仰

　　火化前到殯儀館看女兒最後一眼,看著她張開的嘴巴已經合攏,皮膚滋潤,面容安詳,告訴我她已經遠離病痛,寧靜的安息。

　　我呼喚她的名,跟她說了許多話「女兒啊!媽媽萬般捨不得妳,卻更不忍心看妳受病痛折磨,現在看到妳這樣安詳平靜,媽媽心裡也平靜安詳了許多。」

　　先生也說了許多話,從來不落淚的大男人,幾次哽咽語不成聲。

## 家祭

尊重女兒的遺願不舉行公祭，火化後把骨灰撒向大自然。我堅持把骨灰帶回家，永遠陪伴我們，相信女兒也會感受媽媽不捨的心意。

三月十八日在家裡為女兒舉行告別式。親友幫忙把女兒的放大照，掛在大廳的牆上。把所得的獎狀等依序排列好。讓大家可以看到我們有一個多麼優秀能幹聰明的女兒。

女兒得獎照片

**文郁紀念冊** 癌症藥劑師天使

　　親戚輪流跟女兒告別，我最先跟女兒說話，叫了幾聲丫頭就再也說不下去……。

　　先生接著說得動容，幾次停下調整呼吸。最後唱了一首在女兒病床旁唱給她聽過的歌「長亭外古道邊……。」

　　家人們跟女兒說話告別。女兒最喜愛的姪女 Kaylee 邊說邊哭得濕了半盒紙巾。女兒帶著 Kaylee 到過美國的科羅拉多州，到過西班牙，到過兩人曾走過一段最美好快樂的時光。

Kaylee 跟姑姑出遊

## 女兒的照片

大廳的檯子上,那張女兒美麗笑顏的照片,左邊臉頰笑出一個淺淺的酒窩,告訴我們她現在遠離人世病痛折磨,快樂而安詳!

因為她生前喜歡花兒,剛走的那段時間,她的朋友同事,送來許多花兒,也有長久不謝的常綠植物,他們對女兒的懷念,天長地久!

每天對著女兒的照片走過來走過去都要叫她喚她,跟她說話,安撫彼此的寂寞。

我總放上兩瓶美麗的鮮花,那天買了女兒最喜愛的一束黃玫瑰,配著一束滿天星,特別的美麗動人,我記得女兒更喜歡安靜秀麗的黃玫瑰;遠甚豔麗張揚的紅玫瑰。

傍晚時分,為她點燃三隻燭光,在漸暗的黃昏中照亮女兒秀麗的容顏。

## 同事們的追思會

三月十九日,女兒工作的醫院同事們,將近一百人,為她舉行追思儀式。很多人都發言說簡短的話。美國人善於用風趣幽默掩飾傷痛的場面,說得最多的幾句話是「文郁是一個聰明,勇敢,善良,工作認真,愛好美食的人。」

會後大家來跟我們致意。主治醫師 Dr. Modi 泣不成聲 「我非常抱歉,盡了最大的力量,卻沒有留住文郁的生命。」

女兒的頂頭上司蓋瑞,從頭到尾泣不成聲。他的哭泣,是痛惜一位優秀下屬永遠的離去!

## 骨灰盒

三月二十九日黃昏時分,兒子把女兒的骨灰盒捧回來,陪我坐著握著我的手良久良久,替我抹乾流不盡的淚水。骨灰盒就放在我臥室床邊的櫃檯上,每天早晨跟她說「早安!丫頭」。睡前跟她說「晚安!丫頭!今晚到夢中跟媽媽見面好嗎?讓媽媽看看妳離開後的樣子,畢竟好久沒見到妳了呢!」。

盒子上有女兒的近照,刻有她出生去世的年月日。看著那大大的數目「1967/7/4～2021/3/14」。無情的日曆,我們跟女兒只有五十四年的緣份!

每晚睡前躺在床上,看著櫃子上的女兒,跟她說許多話,最後說「好了,現在陪媽媽一起入睡吧,媽媽再做惡夢,妳會不會把我叫醒呢?」

女兒走的時候是三月春日的溫煦,現在是達城嚴寒的冬天,擔心女兒沒有帶夠禦寒衣物。想起2019年二月的一天,在陪伴她的病床邊,她忽然跟我說「媽媽,我已經打包好所有的衣物,到時背著包包上路就是。」

後知後覺的我，後來才領悟，她是在跟爸爸媽媽說再見，她要上路去一個我們不知道的地方了！

## 親愛的女兒……

親愛的女兒,妳終究離開了我們。妳哪裡捨得離開,我們又哪裡捨得妳離開,只是世路難測天意難違……。

臺靜農先生說「人生實難,大道多歧!」不是人生實難,是人生實苦啊!天不如人願,女兒這樣為生命努力搏鬥,最終向生命豎起了白旗。她心中有多少的不甘,多少的遺憾!

我只能無言問蒼天:上天啊!怎麼會對一個這樣艱苦奮鬥,一心要求存活的女子,這樣忍心拿走了她的希望呢?

平日總要對女兒說幾句話,最常說的是「親愛的女兒,媽媽想念妳!非常想念妳!……」

有時也不說什麼話,坐在她照片正對面的沙發椅,靜靜的看著她,早起的鳥兒在窗外嘰喳吵鬧,黃昏的歸鴉飛過落日的餘暉,我只是靜靜的陪伴女兒,滿心靜靜的思念!

女兒所有用過的東西,所走過的足跡,都是我記憶裡最鮮明的回憶。到現在我也還沒有勇氣去整理它們,她的衣服、皮包、文件、照片、資料、看病紀錄,都還在鋼琴架上擺放著。

打開前年最後的那一張母親節女兒送給我的卡片，讀著一字一句，還感應到她溫潤的筆觸，細膩的心思，叫著「媽媽！我愛您！……」

從女兒開始生病，我養成每日晨昏禱告的習慣，睡前一定讀一段聖經。我堅信女兒已經住在天國，被天使圍繞，遠離人間所受的病痛折磨，我才覺得比較安心。

先生是位不可知的論者，他說「方生方死，方死方生」這是生命的萬物必然的結果。他看我眼淚流得不停，就說「妳要這樣想，女兒也許換成另外一種方式存在了，就像離家多年的遊子，回到原來的世界，那是一個無憂無病痛，平安寧靜的世界。」

女兒離開後，兒子媳婦輪流請假各陪伴我們兩個星期，安慰白髮人送黑髮人的傷痛。媳婦給我買了一個雞心型項鍊，鑲嵌兩張女兒的照片。我掛在胸前，想念女兒的時候，小聲呼喚她就能聽到。我和女兒心魂相守，永遠不棄不離。

歲月如梭，三月十四日是女兒離開一週年的日子，三百六十五天沒有女兒的日子過去了！我們對她的思念是潺潺江水東流，永無止盡，永無止境……

# 文郁紀念冊 癌症藥劑師天使

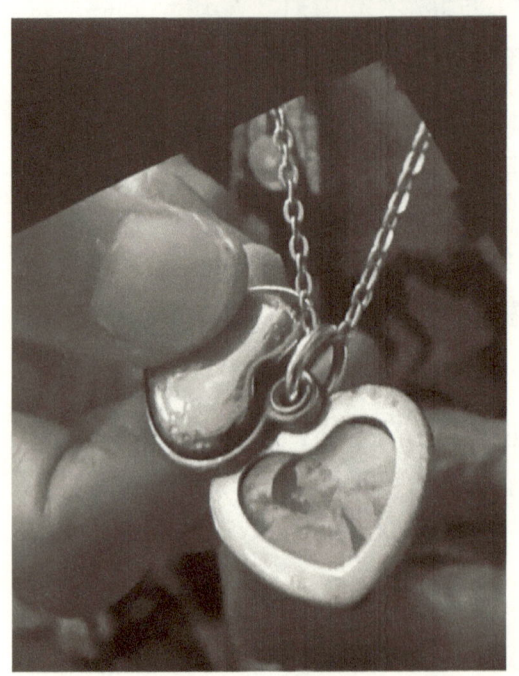

# ◇序二：懷念文郁─來自父親

◎莊燊南

文郁紀念冊 癌症藥劑師天使

二〇二一年三月十四，我們照常去醫院陪伴文郁，走進病房，發現她戴著一個大的呼吸器，遮住了她的鼻子和口部，她沒有如同往常向我們打招呼，只是閉著眼睛休息。我和妻及小孫女三人，都放低聲音說話，深恐吵到她休息。中午也沒有吃我們準備的午餐，我也不擔心，因為她手臂打著點滴，營養是足夠的。

到了下午六點回家時，我對文郁說：丫頭，撐住，爸爸明天早上再來看妳！不料一語成讖，竟然從此天人永隔。

在回家的路上，我和妻都有一定的焦慮，文郁的病，似乎沒有轉好的跡象。大約六點十五分，我們到家，打開車庫門，還沒進去，醫院來電告知文郁病危，我們立刻回到醫院，走進病房，文郁已經大去，呼吸器已拿走，她半張著嘴，我走到病床前，握住她還微溫的手，喃喃的說：丫頭，爸捨不得妳啊，淚水往心中流。我用手式阻止妻的哽咽，文郁可能故意忍到我們離開才走，就是不願看到我們悲傷，萬一她現在去的不遠，就讓她安心的去吧。

文郁從小就是爸爸的小情人，她在三兩歲時，十分活潑可愛，語言能力也很強，我下班回家，她在門口歡迎我，我抱起她來問道：妳是誰的小丫頭？她就回答：我是爸的小丫頭。我說：給爸親一個，要翹著嘴巴。於是，她就嘟起圓圓的小嘴在我臉上親一下。那時她穿的是白底小紅花的上衣，紅色的褲子，半個世紀

# 文郁紀念冊 癌症藥劑師天使

過去了，一切彷彿發生在昨天。

來到美國之後，我們有一段辛苦的日子，孩子也有適應雙語的困難，時間過的很快，文郁小學讀完了，中學讀完了，大學也結束了。最後還讀了一個藥學博士學位。時間流逝像離了樹的花，是永遠回不去的，文郁長大了，和我們相聚時間，越來越少，直到我們退休，她堅持我們從小城拉巴克搬來她居住的達拉斯，可以就近照顧。感謝她的安排與孝心，我們又可以每天見面，閒話家常。有一次不知為何談到最後歸宿的問題，也是老人遲早面臨的。我坦然回答，對終極世界的看法。我對女兒說「妳僅有呆子智慧的老爸，傾向不可知論，宇宙是渾然一體，應無所住，不生不滅，無始無終的。」我還開玩笑的說，妳母親怕冷，又有懼小症，將來把我們的骨灰盒，灑在加勒比的海水裡，以蒼芎為被，海水為床，既舒服又省了許多麻煩，不要去阿拉斯加，那裡的水太冷。總之要簡單不複雜，那樣我們就很滿意了。女兒也贊成我的想法，但是萬萬沒想到她卻先走了。

文郁住院時，陪伴的時間，我就唱歌或說故事給她聽，有一次唱一首大家耳熟能詳的《本事》，其中有一段《我們並肩坐在桃樹下，風在林梢鳥在叫，我們不知怎麼睡著了，夢裏花兒落多少》。文郁興奮的說，爸爸你教過我唱這首歌。

在病榻前最後交談的日子，文郁向她媽媽說，「我發現爸是深深喜歡我的。」以前她不止一次的抱怨「老爸對旁人的孩子比對自己的孩子好。」現在聽到她這樣說，很高興她的心結終於解開了。

我有很多的對不起要跟女兒說，在她短短一生中，我只是督促，對她的努力成就，很少誇獎稱讚，她對我們的照顧，我常常一句謝謝，擁抱都吝於給與。

沒想到女兒就這樣走了，還有一些精彩的故事和歌曲，我還來不及說，她還來不及聽，只有來我夢中了！文郁，魂兮歸來！

附錄：附上女兒生前的同事及好朋友 Sherolyn Gause 的來信，作為整篇文章的結束。

看到 2021 年十二月三十一日女兒一位好朋友兼同事名叫 Sherolyn 的來信，她寫著「I miss you my friend, I hope all is well. You never answer my texts anymore. I retired in July and have no regrets.　Love Sherolyn.」

我給她回了信，告訴她女兒離去的消息。她一月十三日 2022 年回一封長信：

Dear Jen :

I was heartbroken to receive your card . Informing me of the loss of your beloved daughter Wenyu . But I am so appreciative you took the time to write and let me know . I hope didn't cause you too much anguish to do so . I miss her very much . It is very difficult for a parent to outlive their children . We lost my younger brother at age 40, and I am not sure my parents ever truly got over his loss.

I loved Wenyu and admired her strength and intellect . We worked closely together for two years while I was Dr. Modi's nurse at Texas Oncology. She was the hospital Pharmacist for our patients and I couldn't have done my job with out her assistance with the complex Chemo orders. Once she was diagnosed with cancer, I was also her nurse during her treatment at the clinic. We become dear friend during this time . After I changed my job, we still went lunch periodically and tried to keep in touch. When I moved to Colorado and retired, it come more difficult to stay in contact. I no longer communicate with anyone from the clinic, so I had no idea she had passed away, and that makes me so very sad. I regret not trying harder to stay connected.

I extend my deepest sympathy to you and your family. Such a tragic loss a beautiful, successful, talented and loving daughter.

I hope she didn't have to suffer. My heart goes out to you.

Thanks again let me know.

Best regards,

*Sherolyn Gause*

# 文郁紀念冊 癌症藥劑師天使

## ◇序三：回憶文郁─來自母親

◎陳卿珍

# 文郁紀念冊 癌症藥劑師天使

## 陪伴女兒的一天

女兒六年前在醫院做七個療程的化療,今天是最後一天,我每天到醫院陪伴她。

早晨起床就想到女兒昨天跟我說,想吃炒米粉,家裡有現成的新竹米粉。

上網看有好幾個教做炒米粉的視頻。照其中一個做成好吃的炒米粉。

炒米粉的配料:豆芽、炒蛋、切段的青蔥。我嫌太單調,加了里肌肉絲。果然味道鮮美很多。

為了讓做化療的女兒有足夠的營養,特別用悶燒鍋燉了酥軟的烏骨雞。

因為用悶燒鍋燉的烏骨雞,連骨頭都一咬就爛,雞湯更是鮮美得不用說了。

打點好一切,我帶著雞湯雞肉和炒米粉裝進保溫袋到了女兒的病房。

天空總掛著冬日的陽光,很亮很寬廣,我卻感受不到他的溫暖。穿厚著的衣服,先生開車送我到大門。大家都認識我這位每天造訪的母親「老太太又來了,女兒情況可好些?」

有一天一位接待的年輕人說「老太太，要走很遠的路，我推輪椅送您過去吧！」很感謝有那麼好心的年輕人，是幸運的一天。雖然只有一次，是值得記住的一件事。

　　女兒一聲「媽媽，您來了。」聲音沈沈的沒有往常的清亮。　沒幾句話就閉上眼睛睡著了。這不像平常的交談，我也不敢多問。

　　我帶來的米粉和雞湯她現在都不能吃，要等下午兩點做完 center line（右肩甲骨處放一個開放的針頭，方便以後護士抽血，不會再在手背上或手腕上找血管抽血）。女兒的血管細，有的護士戳來戳去找不到血管。

　　護士來量血壓，血壓太低，又說驗血報告血小板也過低。「所以她特別疲勞。」護士跟我解釋女兒沈睡的原因。「醫生已經告訴護士要輸血。」

　　看著那一袋紅色特別照眼的吊掛，比起來其他點滴都是透明色的，特別觸目驚心。

　　兩個小時後女兒睜開眼睛「媽媽，我睡好了。」輸了血精神好了很多。

　　下午兩點護士來打化療的藥物。我總以為化療的藥是摻進從點滴裡打進血管的，今天見識了不同的方法。

# 文郁纪念册 癌症藥劑師天使

　　護士拿來兩根長長的針筒，插著一根長長的針。從來沒見這麼長的針。目測大概有成人一個食指的長度，那麼長的針看著就覺得痛。

　　準備好一切，針筒裝好化療的藥物，拿針筒的手不停的搖晃。原來那藥物不搖晃很快成為像漿糊的厚重，針戳進肚子，藥卻因為太黏而打不進去。護士只好重新再配藥再用力搖晃，終於打進去了；還好第二針打得順利。打完針貼一張小小的創口貼。數一數，每天打兩針，十四張創可貼排列得整齊。

　　問女兒痛不痛？女兒回一句「媽媽，不痛。」

　　怎麼會不痛呢？長長的針戳進肚子，能不痛嗎？是怕媽媽看著心痛吧！

　　如果，如果，我能分擔一點點她的痛，哪怕是一點點……。

　　總希望多陪陪女兒，免她一個人寂寞。五點多先生來電話「冬天黑得早，再晚我開車不方便，現在就來接妳回家吧！」

　　我擁抱女兒跟她說再見。她忽然眼眶湧滿淚水「媽媽再見！」一份不捨一份明日又天涯的淒惶。

　　眼裡噙滿淚水走出病房，一位值班的韓國護士，陪著我走去乘電梯。

「老太太您不要哭,您的女兒會好的。」

她停頓一下說「您看我五年前得了甲狀腺癌,經過手術化療,現在完全好了。」她指給我看脖頸的傷痕,扶著我的肩膀一直看到我進電梯才跟我說再見。

明天要帶著女兒回家了。過二十八天後再做第二輪的化療。總共要做幾輪呢?女兒說「每個病人接受化療的效果不一樣,醫生會做評估的。」

但願女兒的化療效果很好,而副作用非常低。

**文郁紀念冊** 癌症藥劑師天使

## 錯置的尿道支架

《錯置的尿道支架》引用梁啟超先生《飲冰室文集》。大大有名的梁啟超在大大有名的北京協和醫院，把有病的左邊腎臟保存著，割除了原本健康的右邊腎臟。這位集政治、思想、史學、文學、法學、書法，……等大家一身的飲冰室主人，一年後因為這個錯誤的手術而在五十七歲英年早逝。

總覺得這些是發生遠在天邊，跟自己沾不上邊的事故，沒想到卻突然像電影鏡頭拉近到我眼前。

女兒五年前罹患腹腔腫瘤（Sarcoma），因為腫瘤像一個拳頭大小，面積過大，壓迫到左邊腎臟排尿功能。醫生建議手術後放置尿道支架，維持正常排尿。藥劑師的女兒透過多年共事成為好朋友 R 醫生的介紹，請 R 醫生的姐夫 A 醫生作為手術醫生。A 是這方面手術的專門醫生。

支架每六個月更新一次。每次更新手術都要全身麻醉，插呼吸管幫助呼吸。常常在手術後聽到女兒大聲咳嗽的聲音，感覺得到她喉嚨因插管帶來的損傷。加上麻醉後出現便秘等現象，總希望在醫技日新月異的今天，能有更好的方法替代每半年一次的手術。

她在網上多方尋找，跟其他醫生請教切磋後，有兩種解決方法：

第一種是大手術，把堵死的那段尿道切除另外找管子銜接，中文叫輸尿管手術，英文叫做 Ureter Stent。這種手術比五年前割除腫瘤的手術更為精細複雜，手術後要在 ICU（重症加強護理病房）住院觀察五天。五年前女兒腫瘤手術才在 ICU 住了三天，已經讓女兒吃足苦頭。現在年齡增加五歲，健康狀況較不如前，女兒最終放棄這種大手術治療。

她選擇還是維持已經做了五年的換尿道支架手術。在網上查到可以用一年換一次的鋼絲支架代替半年換一次的的塑料支架。一直半年換一次，因為放錯了地方，變成兩、三個月換一次。

2019 年 12 月 27 日，A 醫生替她做了鋼絲支架，手術後第二天左邊腎臟有點術後的不適，是正常的現象，但是原來一直健康正常的右邊腎臟卻開始疼痛。漸漸喧賓奪主，痛得比左邊還厲害。

女兒立刻電話 A 醫生，留言說明。A 醫生沒有回話；還是透過 R 醫生以私人電話找到了他，這才讓女兒第二天趕到醫院，下午七點再次手術。看著女兒痛得聲聲呻吟，痛得想嘔吐，我心如刀割。但求能分擔她的幾分疼痛也是好的。

三十多分鐘手術完成。A 醫生告訴我們「我不知道為什麼她的右邊腎臟尿道也堵塞了，現在我替她右邊左邊都放了支架，觀察幾天看看反應如何吧！」

因為時間已經接近晚上十點，A 醫生安排女兒住院一夜，觀察情況。

晴天霹靂是我當時心情的寫照，內心升起大大的問號：怎麼會一個正常工作的右腎臟會突然堵塞？我頭腦一聲轟雷的響聲，難道 A 醫生把原該放置左腎臟的管子，錯放在右邊的腎臟？

梁啟超割錯腎臟的影像，立刻倒帶在腦海浮現。

但是，但是──這種情況怎麼會發生在女兒的身上？

先生和女兒都說我「文章寫多了，想像力太豐富。」

無論如何女兒不再疼痛，是最大的安慰。但是即使裝錯了邊，怎麼會突然劇烈疼痛？女兒唯一的解釋是，因為手術匆忙、支架滑動位置，阻塞排尿功能。

兩邊腎臟尿管都裝了支架的女兒，驗血報告腎臟功能指數降低。人也虛弱無力，常常皺著眉頭，不是平日活潑開朗的女兒。

這時女兒回想起推出手術室後，A醫生跟她最後一次的對話：「妳感覺如何？是不是要再回去手術室一趟？」雖然麻醉尚未完全清醒，這句話女兒聽得清楚，立刻反問「什麼？」A醫生接著說「啊！我想妳是沒問題的。」

很明顯的A醫生對手術有某方面的考量。但是最終他迴避了他的考量。是他懷疑自己把支架放錯邊嗎？抑或他認為將錯就錯吧！當時再回手術室，面子上哪裡掛得住？

女兒開始感覺漸漸好起來，笑容也開始隨著清亮的嗓音綻放開來。我一顆提升高掛的心，才慢慢像高空的降落傘，緩緩著陸。

R醫生看了女兒驗血報告，腎臟功能指數偏低，說「妳多喝水，星期一再做一次驗血，指數沒有改善就要住院治療。」

住院治療？情況真的這樣嚴重嗎？女兒會需要走到洗腎的悲慘境況嗎？

我剛著陸的心，又開始憂慮的升高。

**文郁紀念冊** 癌症藥劑師天使

感謝上蒼，驗血報告指數減低兩度。這時女兒仔細回想整個事件，覺得我當初「該放左邊的錯放到右邊」的想法，不全是「文章寫多了，想像力太豐富」的天馬行空。

有了疑惑就有尋求答案的動機。女兒要來所有在醫院手術的病歷及手術當場的錄像帶。

錄像帶一看，女兒大吃一驚，Ａ醫生的的確確把支架放錯了邊。女兒一刻不敢怠慢，找了專門看錄像帶的技師。結果完全一樣：醫生放錯了邊！

Ａ醫生還為自己辯護「你們把錄像看錯了邊，轉一邊看就知道了。」直到Ｒ醫生跟他通過電話說明情況，他終於承認錯誤。電話給女兒致歉「是我的錯誤，我鄭重對妳和關心妳的父母及朋友道歉！非常非常對不起！」

女兒的健康路走得坎坷。五年前的肉瘤癌（Sarcoma）經過一連串的化療、放療，那是天降大任苦其筋骨的磨練，如今是不該發生竟然發生的人為錯誤。

女兒天性樂觀「該來的總歸要來的，該去面對的總要去面對。五年前那麼艱苦的抗癌路我都走過了，哪裡還有過不了的『坎』呢！」

朋友說：「這樣的手術錯誤，應該找一位律師尋求保護。即使不為目前，也要為將來以防萬一。」

腎臟是牽扯一輩子生命的線索，朋友的考量不是沒有道理。美國是萬「訟」之國，動輒訴諸法律。網上隨便瀏覽，大大小小訟事不斷。我們哪裡要尋求法律途徑解決問題？法庭不能給女兒一個健康的腎臟，金錢不能買回失去的腎臟功能。只能祈求上蒼保佑，女兒腎臟功能慢慢恢復正常，讓她往後的健康路一帆風順。

## 家有狗奴

　　女兒是標準的狗奴，而且做得心甘情願，無怨無悔。

　　在 A 城她讀小學二年級，我們家住二樓公寓，規定不能養狗。她每天放學急匆匆從樓上端一碗水，一盤從她的零用錢省下來買的狗食，去餵一隻等待她的流浪狗。那狗兒白天不知在哪裡棲身，黃昏總定時赴女兒的約會。

　　女兒蹲著身子，看牠吃飯喝水，跟牠說話問好。有跟情人約會的溫柔體貼；女兒替牠取名哈利。

　　週末跟大她兩歲的哥哥在公寓邊的空地玩球，哈利站在旁邊觀看。牠平日不知在哪裡風流，週末這段時間留給奉養牠的老情人。

　　三年後我們搬離 A 城。女兒跟哈利傷情的道別，哭得聲淚俱下。她同樣哭著求我們帶哈利一起走，我堅決不答應。六歲時一次被狗追咬摔得膝蓋血淋淋的記憶，讓我一直遠遠跟狗保持距離。

　　哈利！哈利！你以後好好照顧自己。黃昏的陰影裡女兒拍撫著哈利的身體，一付人天遠離的悲情。那是女兒養的第一隻狗。

我們到小城開店，女兒讀了初中，有了自主的權利，不再是言聽計從的小女兒。適應新環境認識新朋友，新朋友變成了舊朋友；也把新狗變舊狗的帶進我們家。

先生也愛狗，兒子可有可無，我是孤立的母親，掉進狗窩裡耳濡目染漸漸愛上了狗兒。

每天要遛狗、餵狗、一星期一次洗澡梳毛、定期打預防針。牠們單獨獨唱或集體合聲高鳴時，還要大聲制止，免得鄰居抱怨。除了不聞不問的兒子，我們都成了狗奴。

女兒大學畢業，搬離小城結了婚又離了婚。幸虧有小狗 Ginger 的陪伴，減輕許多丈夫離開的傷痛。

悲歡離合不只人間上映，狗兒的相處相離一樣的感情斷傷。Ginger 離開時我從小城飛到達城陪伴女兒一個星期。跟她一起流淚一起悲傷；那是女兒生命中第一隻心愛的狗兒。

女兒一個月一次在一家動物收容所做義工。她把過期無人領養的狗兒，一隻隻領回家來。最高記錄同時養了四隻狗。那時我們退休搬來達城跟她做鄰居，她家擠不下就送了我們一隻。

她狗奴做得極為快樂，偶爾出城開會渡假，我們就接收她的快樂做忙碌的狗奴。

## 癌症藥劑師天使

　　女兒養狗多了，不知是否潛移默化有了狗兒靈敏的嗅覺，每每到我家就聳聳鼻端：什麼東西燒焦了、冰箱的東西有味道了、這豆腐一聞就酸了嘛！

　　嗅覺相對遲鈍的我，每每到她家，三隻狗兒尿騷屎臭的味道，我聞猶新，她總說：哪有？雨天狗狗不肯出門辦事，我早就清理過了。

　　最近女兒的狗奴做得特別辛苦，因為陪伴女兒最久最得她寵愛的莫旗得了糖尿病。第一次聽說狗也會得糖尿病，世界真是天天有新奇事。

　　一開始莫旗要住院四天，讓醫生觀察血糖數字上下確定用藥劑量。醫生說沒有給狗兒吞服的藥丸，只能打針。

　　然後每天五點多絕早起床，帶莫旗去獸醫院驗血糖、打胰島素。學習替狗打針的技術，不會耽誤上班的時間。

　　莫旗毛短皮薄，往往針尖進去，它嘰嘰一聲，女兒連連抱歉：對不起啊！莫旗，對不起啊！

　　莫旗的血糖一直偏高，醫生說針頭太短、太長、胰島素太多、太少。把女兒折騰得我都替她喊累，她卻做得快樂。

我們要出門兩天參加孫女的畢業典禮。女兒在 Next door（一種鄰里間互通信息的組織）網站尋求可以幫忙替莫旗打針的鄰居。這種專業又專業技術，沒有一個人回應。女兒決定帶著莫旗，帶著針藥出門赴會。

　　女兒這樣徹底的奴性，我極為心疼。但是看到抱著莫旗，不嫌髒的任牠滿臉來回舔，搖著莫旗，笑咪咪的：莫旗！莫旗！像慈母抱著心愛的孩子；哪有會嫌孩子髒的母親呢？

　　單身的女兒，有這些狗兒的陪伴，讓我極為寬心。

# 狗兒莫琪

莫琪是女兒養了十四年的一隻狗兒，活潑可愛的吉娃娃。以人的年齡換算已經九十八歲高齡，是極為高壽的狗兒。

女兒上班的日子，白天把莫琪放在我家代為照顧。兩家距離走路十五分鐘極為方便。

莫琪在我家把我當作她第二位親愛的主人，我到哪裡她跟到哪裡。我梳洗時她蹲在臥室門邊、我如廁時她蹲坐廁所門前，直到我坐上餐桌看書、看 iPad，她才安心躺在旁邊的狗窩，露出半片玫瑰花瓣的小舌頭，睡眠打呼嚕。

她醒來我會拍著她的小腦袋說「莫琪乖，妳要多活幾年，多陪陪愛妳的主人啊！」

這話說了很多年，從莫琪年輕說到她年老。以狗活一年相當人活七年來算，那麼莫琪陪伴女兒十四年，就活了人的九十八歲。是一隻聽話的狗兒。

五年前莫琪得了糖尿病，女兒悉心照顧，準備特別的食物、早晚打胰島素，多年來倒也相安無事。直到兩年前血糖指數像過動兒般起起落落，打針有時都不能有效控制了。

四個月前她又有了氣喘的毛病，常常發出「吭咻吭咻」的聲音，像喉嚨裡堵著痰。女兒讓我帶她走走路晒晒太陽會減少氣喘的發作。藥劑師的女兒又給她加了氣喘的藥，止住了咳嗽。

　　三個月前，莫琪病情直轉急下，血糖飆高不下，送去獸醫院用藥物並且掛點滴。關在鐵籠子裡的她不吃不喝只是汪汪不停的叫，直到聲音喑啞再也叫不出聲，就用鼻子碰撞鐵門，要撞斷門鎖跑出來，把鼻子撞破流了鮮血。

　　住院十一天後女兒帶她回家「莫琪，對不起！以後絕不再送妳去醫院。」

　　女兒跟醫生請教，也上網做功課。買來替狗兒測試血糖的儀器，用打胰島素的針頭抽出適量的血滴，放進試紙。根據血糖數據，調整胰島素的劑量。

　　兩個星期前，莫琪開始拒絕進食。我絞盡腦汁做些人間美味，她只聞一聞就轉開頭。又幾次靠近水碗邊想要喝水的樣子，卻是猶豫著伸伸嘴停住了，望著碗裡的水發一陣呆。

　　女兒說這是血糖過高的症狀。一量血糖果然高達五百，正常是一百以下。早晚加了胰島素劑量。又讓我把所有食材煮成濃湯，她用裝藥的針筒吸進湯汁，掰開莫琪的嘴巴灌進喉嚨。很慢很慢一滴一滴的灌，邊說「莫琪乖，莫琪乖！再吃一口。」

莫琪一點都不乖，一口吐到女兒的衣褲。女兒從頭再來，「莫琪乖……」女兒的眼淚滾動著心疼和不忍。

我勸她「都九十八歲了，讓她走吧！」

「媽媽，請不要再說這樣的話，我能多陪莫琪一天就是一天。」

莫琪不是漸漸老去，她是忽然間就老去了。一星期前我們還牽著她從女兒家走到我們家，走得精神奕奕。沒想到一星期後就連狗門都跨不出去，在地板上一天小便無數次，我拿著抹布擦乾，拍拍她低垂的小腦袋說：「沒關係，沒關係，不要難過啊！莫琪，我知道妳老了。」

昨天莫琪在女兒餵食的懷抱中離開了。女兒撫摸著她僵硬的身體，替她覆蓋溫暖的毛毯，我陪著女兒回憶莫琪十四年的一生：「我一直單身過日子，莫琪是我唯一的女兒。小時候剛來我家，抱著她時總不讓其他人或狗靠近我，會汪汪叫『這是我的主人，你們離她遠一點。』要全力保護我的樣子。那時我總以為她會陪伴我一輩子的。」

我說「她是陪了妳一輩子呀！陪到她九十八歲，再也陪不動了。」

女兒把莫琪送到專門火葬動物的機構，火葬後留下骨灰。

那天女兒要把莫琪的骨灰盒抱回來。但她因腎臟發炎吃了一個星期的抗生素剛退燒，我勸她再休息一兩天。「媽媽，莫琪在那裡孤孤單單的住了好多天，她也想念我，今天一定要去接她回家。」

　　女兒捧著盒子淚水崩潰不可收拾：「媽媽，請給我幾分鐘時間……」沉默的淚水滴落成一片水簾鋪蓋在莫琪的骨灰盒。

　　「死別已吞聲，生別常惻惻……」逝者已矣！生者何堪！願莫琪在天之靈能安慰女兒離別的傷痛於萬一！

## 女兒的婚姻事

婚姻好比鳥籠，

外面的鳥想進進不去，

裡面的鳥想出出不來。－－蒙田

　　錢鐘書的小說《圍城》裡比喻，「結婚是一面牆，外面的人想進來，裡面的人想出去。」法國十六世紀人文主義思想家蒙田說過，「婚姻好比鳥籠，外面的鳥想進進不去，裡面的鳥想出出不來。」

　　我的女兒讀大學的時候認識了後來跟她結婚的先生拉比，他們認識十年才結婚。

　　結婚一年後的一天，拉比提起小行李箱出門沒再回來，跟上班的女兒再見都沒說一聲。

　　很久以後女兒跟我說，前一天晚上，兩個人有不愉快的爭執，以為拉比暫時出門消氣。但是他竟然帶著小箱子，女兒才覺得有些不尋常。

　　女兒預感到山雨欲來風滿樓的不安，她努力經營扶持，讓飄搖在風雨裡的家園鞏固不倒。每天下班回家把家整理清爽，把院子打理乾淨美麗。

特別在前院沿著房子周圍種些花卉綠葉。她平日不是頂勤快的人，為了要給丈夫回來後看到一個美好的家園，她勤快又肯幹，要在丈夫眼裡成為一個更完美的妻子。

萬事俱備只欠東風。拉比卻被風越吹越遠，兩個多月沒有隻字片語沒有一通電話。

我感受到女兒的不安，卻沒有能力替她把出走丈夫拉回來。日子過得像逆水行舟，只有退沒有進。陽光下萬物像濛著霧靄，看不清前面的道路。

三個月後，女兒聯絡到拉比，跟她有這樣的對話：「你什麼時候回家。」

「我不回去了。」

「為什麼？」

「我住在那裏不快樂。」

拉比是走出牆外尋求快樂的丈夫，女兒是留在牆裡獨自哀傷的妻子。

一天黃昏時分，女兒坐在夕陽投射些陰影的沙發上，說一句：「我現在是一無所有了。」聲音裡滿是怯怯的淒清。我陪著她聽窗外歸鳥的鳴叫，叫喚它的伴侶一起快快回家。

我沒有足夠的智慧處理女兒的婚姻事，只有滿船的愛心陪她航行在波濤洶湧的河流。我要做勇敢的舵手，把船兒划向平靜的港灣。

**癌症藥劑師天使**

他們曾經有過快樂的時光。

有一次我們同坐車上，拉比從後座伸手撥弄開車的女兒的頭髮說：「妳真是好可愛！好可愛！」眼光裡滿是要潑灑而出的愛意，一點不因為我的在場而稍稍收斂。

每次女兒帶拉比到我們小城的家來作客，他牽著女兒的手，搭著女兒的肩，輕聲細語跟女兒情話綿綿。

不知道他們快樂日子什麼時候消失了光亮和熱情。拉比並沒有第三者，他也不要離婚，只是不要回家；是飛出籠子的鳥兒不肯再進籠子。

女兒太信賴時間的保證，說太瞭解拉比了。對相處十年才結婚的他，有從裡到外都用X光透視過的清晰。老舊的片子沒有更新，沒有「update」。沒有看到片子裡丈夫不快樂的陰影。

後來女兒陸續也交了幾位男朋友。都是生活裡尋常的過程，沒有起伏高低的走過了。

兩年前女兒得了嚴重的癌症，到了第四期；兩年後撿回來生命。經歷煉獄抽身而出的她，一天她平靜的提到拉比的名字說：「我那時太年輕不懂事，如果是現在情況大概不會那麼糟。」沒有一句責怪的話語、一絲怨懟的情緒，更沒有獨自嘆氣的悲哀。

我聽著覺得安慰，也有些失落。安慰是因為她從一個新的痊癒，平復了舊的創傷。失落是因為她的一個跨步，把日子從太陽的光亮走進月色的清涼。清涼意味著平淡，其實也沒有不好。一輩子平淡過日子也是很幸福的人生。

癌症藥劑師天使

## 希望明天可以回家

每天到醫院陪住院的女兒。跟她說說話，看她閉眼休息，或替她下樓去買吃的東西；她喜歡樓下的一家 French cafe will 的食物。

護士們每兩個小時來一次量血壓，量體溫，量氧氣供應是否足夠等瑣碎事情，讓病房的無聊增添一點變化。

女兒休息還好的時候就扶著助行器在屋裡走幾圈。我鼓勵她到門外走道多走一點，她心情好就去外面走長長的走道，心情不好就會大聲說「在屋裡走八圈就是從走道這頭到那頭同樣距離。」

但是屋裡從來沒有走到過八圈。

做母親的哪能跟女兒計較，特別生病住院的女兒；我早已習慣女兒心情的好壞。

女兒的病史源於六年前的一個惡性腫瘤，雖然經過化療、放療、手術後康復了，但是後遺症讓她的健康路走得崎嶇不平。

黃昏時分先生來電話說「可以來接妳回家了嗎？冬天天暗得早，我怕看不清楚路況。」先生從小就因為營養不良而視神經萎縮視力不好。

我希望能多陪陪女兒，讓她一個人獨守漫漫長夜，想著就側側淒涼！

## 期待女兒明天能回家

女兒說「希望明天可以回家。」女兒住院27天了,每天我離開的時候跟我說這句話。

主治醫師說「超過48小時不發燒才可以回家。」

回家的路被體溫表的101度、102……燒成灰燼。

家,是多麼溫馨的地方。遠遠看著家裡散發出溫暖的燈光,看著家裡平常的桌椅板凳,看到屋頂冒出的裊裊炊煙,再再都是吸引歸人的風景。

後來女兒大概說得累了,不再說那句「希望明天可以回家」的話;或者對回家的夢已經幻滅。

做母親的我不會放棄希望,還是每天倚閭盼望女兒明天可以回家。

那天去病房時經過禮品店。我選了一個陶瓷塑造的母親擁抱女兒的塑像。不是母親抱著嬰兒的,是長大了的女兒和有了年紀的母親;母親右手撫著女兒的頭髮,左手攬著女兒纖瘦的腰背,像嚶嚶叮嚀著「親愛的女兒妳要快快好起來,讓媽媽帶妳回家。」是我擁抱女兒畫面的寫照。

底座扭勁緊法條就能可以播放 Debussy 的歌曲 close to me 非常動聽的輕音樂。

女兒放在她的病床旁邊的小台子上,她睡醒的時候常常播放。

天色漸暗,看到窗外樹上歸巢的鳥兒,就想到女兒明天應該可以回家了。

每天早晚祈求上蒼「讓女兒明天能回家吧!不要讓她忘記家的樣子,不認得回家的路了!」

我每天打掃乾淨她住的房間。她買的那張昂貴的椅子,方便她躺、坐、起立扶著助行器走路,我也天天抹抹灰塵。先生嘀咕「家裡又不是搬運砂石的大卡車,哪有那麼多灰塵?」

要給明天可能回家的女兒,一個乾淨清爽的家,一個女兒想要回來的家!

文郁紀念冊 癌症藥劑師天使

# 又在一起用餐了

　　從二月新冠疫情開始，每天來家裡用早、晚餐的女兒就不來用餐了。不但不來用餐，更是連家門都不進，遠遠地在門外跟我們搖搖手，把託我們照顧的狗兒放下，保持六尺距離，說一兩句話就轉身離開。望著她遠去的背影，我發一陣呆，內心湧起一絲惆悵。

　　女兒在醫院當藥劑師，跟醫院收容的新冠病人隔著兩棟大樓，感染機率非常低，但是她說我們是高齡危險群，不能有一絲大意。她下班回家把全部衣服褲襪都丟進洗衣機，自己洗澡淨身，再來我們家把狗兒接回家，跟我們遠遠打個招呼說幾句話。

　　這情況到七月份有了突然而來的驚喜。女兒因為腎臟問題，七月二十二日做了一次手術，手術前有新冠病毒檢測，結果是陰性。她開心地說：「媽媽，我沒被感染，而且我請假到八月才去上班。」她加大了聲量，「我又可以跟你們一起吃早、晚餐了。」

　　這對我們當然是天大的好消息，女兒沒被感染，又可以跟我們一起用餐，餐桌邊空了好久的座椅又有回來的主人，女兒大聲談話朗朗笑語，將為菜餚增添多少滋味。

女兒說午餐她自己在家打理，早晚兩餐來我們家打攪。兩家距離走路十五分鐘，開車只要五分鐘。

　　我們兩老平日吃得簡單，現在有女兒這位久違的貴賓，當然花點心思做點營養又好吃的食物。早餐很簡單，煮麥片配涼拌黃瓜、涼拌木耳、清煮西蘭花，每人一個白水煮蛋，都是健康營養的食物。

　　晚餐多半是我們都喜歡的麵食，如我和先生合作手工擀皮、自己調餡的餃子，以及先生拿手的芝麻大餅。麵食不能天天吃，要換胃口時，就紅燒一片三文魚、做一鍋三杯雞、悶燒鍋燉牛肉……，白菜、豆腐、蘿蔔等青菜一定是每天餐桌上的常客，大受歡迎。

　　疫情之前的好日子又回來了，我們都分外珍惜。

　　八月初女兒開始回去上班，醫院的護士有幾位感染過病毒，她再是小心，也不能保證百分之百安全，當然更怕給高齡的父母增加風險，那就只好回到最初疫情後跟我們保持距離的生活。女兒樂觀地說：「媽媽，疫情總有過去的一天，我們將來一起用餐的時間多著呢！」

　　說的是啊！日子有好有壞，天氣有晴有陰，總要在好日子裡尋求快樂，要在晴天裡曬到溫暖的陽光。

文酯紀念冊 癌症藥劑師天使

# ◇關於文郁─來自親朋好友

# 文郁紀念冊 癌症藥劑師天使

## 憶小友文郁

◎謝宗熙

（寫於文郁七期前夕）

算算日子，文郁已經走了近五十天。這五十天裡，我想起她的次數似乎比過去五年還頻繁。我們算是忘年之交，很談得來，我退休後在醫院做義工，她是醫院的藥劑師，同一家醫院系統，卻分在不同的院址。

能夠認識文郁是緣份。十年前，我們夫婦因為年事漸高，兒子以照顧方便為由，要求我們搬離居住了三十多年的城市，來到達拉斯定居。初來乍到，除了兒子一家，真是舉目無親，一向忙碌慣了的我們，開始參與城裡華人社團的活動，也就是在一次文友會的年會裡，有幸認識了熱心的卿珍姐與燊南兄夫婦，從而認識了他們的女兒莊文郁，不過那已經是幾年之後，當她陪着父母來參加我們的老人聚餐時。

文郁比我家的兒子大一歲，從小在美國長大，卻說得一口流利的中文，這是她給我的第一個印象。我與外子曾辦過中文學校，教過許多學生，深深了解若要孩子學好中文，父母的教導有方之外，全靠孩子的個人修為。那天，夾在一群說中文的老人圈子裡，她是應對自如，

# 文郁紀念冊  癌症藥劑師天使

進退有度，很令人讚賞。

見面次數多了之後，漸漸體會到，文郁是一個多麼優秀難得的好人，應該是天下父母都期望能擁有的一塊寶。她聰明能幹、學業有成，是個成功的藥劑師；她個性溫和爽朗，知識豐富，來我們家聚餐時，總是搶着幫忙端茶送水，還會不厭其煩的回答我們一些有頭沒腦的醫藥問題；她談吐幽默風趣，就算是最能令人起爭執的政治話題，也能被她說得趣味橫生；她禮數周到，稟性善良，每次怕她病中口胃不開，給她送些吃食，她總會來個電話道謝，而電話中總是聲清氣爽，似乎是故意不讓我們為她的病情擔心；最難能可貴的是她對父母的孝心，工作之餘，妥善照應父母，每次看到她在眾人前故意嘻皮笑臉的與父親唱着反調時，我們都理解她其實就是父母的開心果。

從她患病之初到今年的三月十四日，經歷了公元 2020 整年最凶猛的病毒傳播期。從她自己開車遠赴休士敦就診，到數度進出本地醫院做化療，雖然一直都有父母相伴，但她形體與精神上所受的折磨，不言而喻，可是，由於她的堅強與善心，卻讓我錯估了形勢。當我聽到她身上插着管子卻能回去上班了,當她告訴我，她為寵物店做義工，在家幫忙養小狗時，我高興的錯以為她病情有了起色，終會好轉，不意天地不仁，三月十四日她竟就這樣走了。

一年多來，因為受疫情的限制，我們沒有再聚會過，知她數度住院，也沒能去看看她，她走前不久，我們通過最後一次電話，傳來的依然是她敞亮愉悅的聲音，萬萬沒有料到變生肘側呀！為了給我留個念想，卿珍姐寄來一張她病前的照片，但見她眉清目明，巧笑倩兮，是我心目中永遠的文郁。不過，那一聲清脆響亮的「宗熙阿姨」，從此將成絕響，再也聽不到了。

文郁紀念冊 癌症藥劑師天使

## 追憶文郁

◎芸芸

今天是母親節，失去文郁的第一個母親節，她的母親卿珍是怎麼過的？我不敢問。我只是心中默默的祝禱，希望天上的文郁，在脫離了一切病痛之後，帶著她一向燦然的微笑，入夢來吧，在夢中與媽媽相擁。

3月14日早上我寫短信：「卿珍，千萬撐著啊，文郁及你們兩老都要撐著，春天已在轉角處。」3月15日早上卿珍回我：「芸芸，文郁沒有等到轉角的春天，昨天下午六點二十分心臟自動停止跳動，走得平靜安詳。」七個小時的百感交集後，我終於回了一封短信：

「親愛的卿珍，讀到妳的短信已是中午，距離現在又已過了七個小時，我只能想，老天爺應該是憐憫文郁，不願她再受病痛折磨，慈愛的把她領走了。轉角的春天，花開花謝，大自然生生不息，親愛的文郁擺脫了紅塵的苦痛，文郁打了美好的一仗，你們父女，母女三人聯手打了一場美好的仗。雖然戰事慘烈兇殘，期間，你們三人表現出來的父母慈愛女兒孝順、你們老夫老妻之間的默契與扶持，都是人世間最美麗的風景，讓我這個駐足旁觀者都經常感動莫名。」

文郁是莊老跟卿珍的女兒，時間久了，她成了我們大家的忘年之交。

疫情前，在中美交流協會，我們有少數幾個人湊一桌，每一個月輪流作東，出去吃館子打牙祭。

即使我後來不再有空參加協會的例行週會，每個月的飯局，我總是準時欣然前往。文郁，是另一個不參加例會，卻偶爾參加吃飯的一個。文郁受到大家的喜愛，因為她中文棒，可以用中文跟我們毫無窒礙的對話，她遺傳了她爸爸莊老的幽默感，總能幽默地表達她獨到精闢的見解，她心地柔軟善良，卻又處處表現了正義感。更重要的是，她從小在此受教育，在此成長，美國的文化風俗，對我們第一代移民有斷層，她輕鬆地替我們填補。因為有她，我私心裡更喜歡這個有吃有喝、名副其實的、中美文化交流協會。

因為文郁藥劑師的專業，平日照顧父母，不遺餘力，對我們各式各樣的醫藥相關的疑難雜症，也總能適時出手相助。想念文郁，想念她特別清亮的嗓音，想念她跟媽媽小女孩般的撒嬌，想念她跟莊老不失父慈子孝的針鋒相對，想念她對時事的激憤針砭，想念她當 ABC 的深刻感受，想念她幫著我們當 ABC 的父母當得稍有底氣。想念她很多，很多。

# 文郁紀念冊 癌症藥劑師天使

　　文郁助人最樂大概是來自父母的良好基因吧，有幾件事情讓我印象特別深刻。當我老二兆平在 Houston 第一次買房，雖然我充當買方經紀人，但是我對 Houston 不熟，非常心虛。文郁曾經在休士頓住過幾年，因此拔刀相助，在我們小孩選了幾棟房子之後，她非常耐心地研究每一棟的社區、校區、價錢、．．．．，然後仔細寫下她的看法跟感想。對我兒夫婦而言，多了一個大姊姊智慧的照看，使他們像是吃了一顆定心丸，歡歡喜喜搬進了有大姊姊加持的房子，快快樂樂地經營他們的窩。

　　兆平夫妻倆常常感念文郁，說文郁是一個非常溫暖的人，他們會永遠記得她的美好。三年前，我先生蕭天宏心臟病突發，在醫院裡昏迷不醒，孩子們都放下工作，許多朋友也來關切，大家一籌莫展，連醫生都不敢斷言他是否可以完全清醒完全復原。文郁來了，她說：「蕭叔叔平常運動很多，所以他會醒來，也會完全復原。」她亮晶晶的眼睛如此誠摯，口氣如此肯定，邏輯如此專業，如溺水人抓到了一塊浮木，我就這樣懷抱著她的這句話，熬過了我生命中最艱難的三日！

　　認識文郁的人都知道文郁愛狗，總養著幾隻狗，平日深情照護，帶狗看醫生，吃藥打針，對狗的照顧不輸給一般人照顧孩子的程度。但是許多人可能不知道，她長年累月在流浪狗收容所當義工，出錢出力，她不是只愛自己家的狗，文

郁對狗是博愛，她對所有的狗都一樣深情，一樣真誠。有一回，我們夫妻到 Houston 探親，也不過只有三天的時間，所以我們就把我們家的狗狗放在後院。院子裡有可以遮風避雨的後廊，廊下有舒適的狗屋，狗屋旁堆滿了狗食、飲水，如此衣食無缺、安全無虞，因此我們心安理得，覺得完全沒有必要麻煩別人特別照看。偏偏那個週末達拉斯下了豪大雨，風雨交加、電閃雷鳴，我們家的狗狗必然嚇個半死。文郁，雖然沒有受到我們的託付，但她依然來了，冒雨開車 20 分鐘，特地來照看我那隻孤苦無依渾身哆嗦的狗狗。

　　文郁走了，對我們大家而言是不捨，更是不甘。五年前，她無比勇敢，無比堅忍，無數次奔波於休士頓以專門治療癌症的 MD Anderson，與達拉斯住家之間，經過開刀經過化療，有勇有謀的戰勝了頑強的病魔。這一次，她依然樂觀面對，但先是醫生荒唐開刀開錯，後來又加上白血病及新冠肺炎，豈止如雪上加霜，豈止是命運作弄，她終究沒有逃出病魔的步步進逼。儘管父母慈愛，兄嫂與姪女都全力全程相挺，但疫情期間，好朋友們被迫如此疏離，一點忙也幫不上，讓她在病魔纏身時千山獨行，是天災？是人禍？

　　時運不濟至此，尤其令人不甘。

## 文郁紀念冊　癌症藥劑師天使

最後一次看到文郁是感恩節的前一天。這一天，莊老因為眼睛開刀不能開車，文郁突然住院，所以我開車載卿珍去醫院一趟，送一些睡衣褲去病房給文郁。

那是疫情之後我第一次去醫院，醫院對防疫戒備森嚴，他們只允許一個訪客，由於我本來就想探望文郁，於是自告奮勇替卿珍上樓探望。在填了表格、回答了問卷、換上新的口罩、戴上訪客的手鍊之後，我獨自坐電梯上樓去找文郁的病房。正東張西望，我還沒看到她，就已經聽到她清亮的嗓音，對我著急的叫嚷着：「李芸芸阿姨 stop，李芸芸阿姨不要進來，」然後她伸手迅速地接下了一袋衣物，就跟我揮手，說：「出去出去，趕快走，趕快走，不要在病房裡停留、會傳染上病毒！」她的急切著實嚇到了我，我幾乎是用跑的逃離了她的病房。防疫如作戰，我算是見識到了！

她走後，每當我憶及此事就一陣泫然，一陣懊惱，如果，如果我早知道那是跟她最後的見面……，最後一次，我連她的臉都沒看清楚，只有她清亮的嗓音依舊縈繞耳際，久久不去。

# 博愛為懷的文郁

◎漢湘

2021 年 6 月 19 日

初次見到文郁,她已失婚多年,卿珍姐私下流著淚告訴我文郁不幸的婚姻。

常言道:幸福的婚姻如出一轍,不幸的婚姻則各自不同。文郁離婚前後那段痛苦期間,是做母親的卿珍姐默默的陪伴,撫慰著女兒的情傷,攙扶著女兒努力走出人生坎坷難行的低谷。

文郁從不提自己破碎的婚姻,將這段錐心的痛深埋心底,她堅強地抬起頭,找回原本的自己,敞開心胸迎接未來的人生。

文郁的天性像爸爸,爽朗,幽默,愛逗趣,看似浮雲野鶴一無覊束,其實內心有著根深蒂固的原則。

文郁也是細膩的,這一點又很像媽媽,總是會為別人著想,約她一起出來玩,必要搶著付帳,不肯讓人有多一點點的負擔。

# 文郁紀念冊 癌症藥劑師天使

　　卿珍姐和莊先生返臺時，我和先生偶爾週末會約獨居的文郁出來吃吃飯，看看電影，或者請她陪我去聽我喜歡的現場歌曲演唱，因著這樣的相處，我們有了比較深入的談話，由於文郁從小在美國長大，遇事我總想聽聽她的看法，覺得她一方面具有美國人的觀念，一方面又懂得中國人的傳統，最讓我驚奇的是，文郁談得最多、最熱衷的竟然是政治，有一次我問及她的興趣，她直接了當說：「政治！」我當場愣住，因為沒想到「政治」也可以是一種「興趣」。

　　願聞其詳，我問文郁為什麼會對政治這麼有興趣？她說，人民生活的利弊端在於政黨的政策，在美國，唯有民主黨的政策才能讓普羅大眾的老百姓得到較多的福祉，因為共和黨的政策是偏坦富人階級的利益。

　　每到選舉期間，文郁都會大力遊說周遭所有人投民主黨的票，我向來不懂政治，也不瞭解究竟那一個政黨是真正對人民最有利，因此從不曾投票，文郁對於我的政治態度很不理解，曾質問我是不是對臺灣的政黨也有做不出決定的問題？我啞口無言，深心裏大大震盪，文郁一介華裔美國人，如此關注美國的政治，如此熱衷支持民主黨，她的一腔熱血，是在為弱勢群體爭福利，展現出的，是一種博愛悲憫的情懷啊！我深深地為之動容。

不僅僅愛人，文郁也疼愛動物，養了三隻狗，最老的莫旗得了糖尿病，不惜花費巨資帶去急診，使盡力氣學習給狗兒打胰島素，當莫旗終於老死，病中正發燒的文郁堅持要去領回莫旗的骨灰「莫旗已經孤單好幾天了！」說著淚流不止。

文郁是在 2015 年不幸得了非常少見的腹膜癌，在 Dallas Texas Health Presbyterian Hospital 專職藥劑師的她，決定長途跋涉往返達拉斯休士頓，去全美國最好的癌症中心 MD Anderson 治療。整個兩年抗癌的過程非常艱難，年邁的雙親不畏長途坐車的顛簸，全程往返陪伴照料;眾親朋好友齊力祝禱，慰問送餐加油打氣;親如姐妹的嚴琪帶著楊姐數度遠自重慶而來，形影不離親自貼身照顧。在大家的呵護關注之下，文郁歷經多次痛苦的化療放療與病魔奮戰，期間曾經流著眼淚掉光了頭髮，又笑著戴上一頂俐落俏麗的假髮………。

歷盡艱辛，皇天不負苦心人，2017 年文郁終於戰勝癌症獲得重生！我們這些一直環繞在旁敲鑼打鼓加油打氣的眾叔伯阿姨姐妹們，為此大大召開了一個恭賀文郁康復的慶祝會；卿珍姐和莊先生也在家裏為女兒的重生親自下廚，邀請大夥兒同來歡慶並致謝忱，席上文郁展示出一大張密密麻麻寫滿了慶賀祝福辭的海報，是工作的醫院所有醫護人員同事，為慶祝文郁的康復而特別共同製作的。文郁在職場上如此受到所有主管同仁的熱烈愛戴，可見

得文郁平日的待人處事深得人心！我想起在一間電影院裏，開演前我們閒聊到職場的工作環境，文郁說她覺得很幸運，因為現在的這個工作，她和同事們都相處得很好，很多同事都可以成為真正的朋友。文郁後來曾多次就近在任職的醫院就醫，住院期間，卿珍姐經常誇讚文郁的同事們對文郁無微不至竭盡心力的照顧，讓她非常感動。

　　大病初癒的文郁在自己家裏為爸爸慶祝八十大壽，宴請父母這一大群老相好的叔伯阿姨們吃中飯，那次慶生會不僅僅讓我嚐到文郁色香味俱全的中西廚藝，也見識了她居家佈置兼具現代傳統的自然風雅品味。飯後，我們圍坐在文郁的客廳，展開午後的歡樂慶生會，文郁和爸爸一貫妙語如珠，數說過往種種父女之間曾經發生過的趣事，叔伯阿姨們也不遑多讓，一一細數起交往過程中與「莊老」相處時好氣又好笑的片斷，歡聲笑語的熱鬧情景至今難忘。

　　康復後的文郁，因為在手術過程中的錯誤而傷到腎臟，需要接腎管輔助排尿功能，腎管需要按時清潔，定期更換，此外也還必須接受癒後的追蹤檢查，可以說是仍然一直處於醫療的狀態之中，文郁劫後餘生，無論如何都感恩惜福，繼續耐著性子樂觀面對。

　　穩定的狀況只維持了兩年，文郁就因為腎管反反覆覆發炎導致高燒不退，腎臟受損也使得造

血功能衰竭，多次急診住院輸血治療，醫生深入探查追蹤病因，不幸竟查出又罹患了血癌，需要做骨髓的移植。要找到相合的骨髓何其困難，即使血親家屬也只有四分之一的機率，徵求骨髓的陰影於是重重壓在每個人的心上。

　　2020年是新冠疫情在美國爆發的一年，醫院是疫情的高危險區，文郁和卿珍姐因進出醫院受到感染住院治療，癒後出院被哥哥文正接去照顧，直到恢復元氣。11月先生返臺，隔年初我也要回臺灣，一直以來受疫情影響不能探視，臨行前得到新冠陰性檢測報告，就決定親自去卿珍姐家向他們道別。來開門的是文郁的小姪女凱莉我心目中具有「少年李白」天真俠義氣息的少女，這次她毅然一肩挑起照顧文郁和祖父母的重任。凱莉微微笑著迎我進門，然後去到一個角落靜默做自己的事，讓我們能夠盡情暢談別後。久久不見，卿珍姐和莊先生都消瘦了很多，文郁則因為藥物輸液過多顯得浮腫，疫情之下，我們各自保持距離坐在後院前的客廳，訴說著不能見面期間發生的種種事情。衰弱的文郁，坐在嫂嫂雪莉特別為方便她起身而訂做的椅子上，忽然抬起頭直視著我興奮的說：「哥哥的骨髓和我的相配合！」我立即從椅子上跳起來拍手歡呼，文郁這是在宣示抗血癌的成功啊！我說：「太棒了！病好了第一件事，就是我們一起回臺灣，去探訪妳的出生地！」

# 文郁紀念冊 癌症藥劑師天使

　　回到臺灣，遠隔千山萬水，我心裏一直惦念著重病的文郁，每天晨起禱告，總是最先為文郁祈求平安。文郁本身具有強健的體魄，又擁有醫藥的專業知識，我總有信心，覺得思維一向抱持正面樂觀、行動積極進取的文郁，這回有哥哥文正的骨髓移植加持，必定能再次戰勝血癌！

　　但是，漸漸地，自我和卿珍姐頻頻互傳的郵件，字裏行間覺得文郁的病情每況愈下，鎮日咳嗽，反反覆覆發燒，不時需要輸血，頻繁進出醫院………受盡病苦，文郁的新冠肺炎雖然治癒了，肺功能卻耗損了，後來一直住在治療肺部的病房。想是這許許多多的病徵都齊集發作出來了吧？再健壯的人也度不過如此兇險的劫難吧？3月14日，噩耗傳來，還來不及接受哥哥骨髓移植的文郁離開了我們！

　　「黯然銷魂者，唯別而已矣！」最最令人感到悲痛的，是文郁忍受了這麼長時期的病苦，卻未能救回來！做母親的卿珍姐見女兒受苦，一路走來更是受盡了折磨煎熬，文郁年輕的生命先白髮人而去，這讓白髮蒼蒼的父母親和俱已老邁的叔伯阿姨們如何接受？一向為母則強的卿珍姐被擊倒了，總不把悲傷在人前顯露的莊先生，這次終難掩心中的哀慟，遠隔千山萬水之外的我，想不到竟再也見不到文郁了………我們約好了要一起回臺灣，探訪她的出生地，誰知竟再不能了！

痛失愛女的慟，沒有言語能安慰，這樣的傷一輩子也難癒合，唯有時間或可緩解鬱結，好友們深知如此，紛紛想方設法來陪伴痛失愛女的這兩位老朋友，不讓他們深陷在痛苦的深淵裏無法自拔。小李遠自奧斯丁來達拉斯陪伴兩老住了幾天，燒幾樣拿手菜餵養老父母的心，別了對他們說：「請記得文郁每天喜歡看到你們什麼樣子，你們就該是什麼樣子。」說得多好啊！以前看過一部電影，失去伴侶的丈夫，去任何地方都為已逝的妻子準備有形的位置，點她愛吃的餐飲，很令人感動，卿珍姐，莊先生，你們去任何地方，也帶著文郁吧！文郁在天之靈，一定是時時刻刻關注著你們，她怎麼會看不見你們的樣子？一定是看得見的！你們要讓文郁看著喜歡，以慰文郁在天之靈啊！

　　愛好文學的卿珍姐，為女兒取名「文郁」，為自己選了「郁思」的筆名，寓意行文、文思皆蔚然豐美而馥郁清香，怎料「文郁」竟先行凋萎，「郁思」深陷「文郁之思」無法自拔，堪憐天下父母心，喪女之痛從此鋪天蓋地綿綿無盡期………。文郁啊文郁，妳在天之靈一定怕見父母摧心泣血的傷痛，一定要護佑他們不因思念妳而傷身啊！

　　是出於妳的召喚吧？妳的小姪女，我心目中的「少年李白」凱莉，告訴祖父母要永遠回到達拉斯來了，她將住進妳的家，代替妳就近陪伴妳最最放心不下的父母親，這是多麼令人感到欣慰的好消息啊！妳的爸爸媽媽更是多

麼的歡喜啊！我想像著他們破了一個大洞的心，不久的將來，也許會因　含飴弄孫的喜悅而漸漸縫合………。

以前同事送我一個中間有一隻紅雀鳥的雙碗，告訴我「紅雀鳥象徵天上的親友」。這次從臺灣回到達拉斯，坐在後院，每天都在竹籬上、在樹叢間看見美麗的紅雀鳥不停啾啾啾啾的叫，是妳嗎？文郁？是妳在對我說話嗎？妳曾經送過我一個名為「快樂」的小雕像，仰天的姿勢，伸開的雙臂上棲息著三隻小鳥，我非常喜歡，常想像自己是小雕像，閉上眼睛就可以在天上飛翔。

如今這個小雕像已成為妳的化身，妳已經伸展雙臂飛上天，有成群的小鳥為伴，自由自在，快樂舒暢翱遊天際………。親愛的文郁，我多麼痛惜妳生前受盡病苦，深信博愛為懷的妳，一定會在天上俯視世間的芸芸眾生，一定會想法子護佑眾生的疾苦。妳的生日 July 4th 正是美國的國慶日，妳說小時候當璀燦的煙火在夜空中美麗綻放，爸爸告訴妳「放煙火是為了慶祝妳的生日！」豈不然哉？我記得妳的博愛為懷，如今民主黨執政了，始終支持民主黨的妳，一定會護佑執政者為平民百姓謀求福利，護佑美國成為一個注重環保、濟弱扶傾、與世共存共榮的泱泱大國，我知道我將會在美國國慶日炫目迸射的煙火裏，看見妳那顆閃亮赤熱火紅的心，我會對妳說：「親愛的文郁，生日快樂！………」

## 端莊聰慧的文郁

◎簡慈萱

認識了莊老和卿珍姐,自然就認識了他們的女兒,文郁。

溫文儒雅的莊老與親和包容的卿珍姐,除了滿腹典故經綸以及始終和藹可親的笑容之外,他們以親手製做的麵點及美食,熱烈邀請朋友們至莊府相聚暢談。我有幸覥為朋友的一員,經常欣喜地來到莊府,融入愉悅的氣氛中。快樂的時光令人忘卻時間的飛逝,直到暮色下沈,身為專業護理師的文郁,從醫院下班彎過來探望父母、共享晚餐,我們還沒起身告辭呢!文郁面容明亮、舉止端莊、談吐優雅,真是父母培養出來端莊聰慧的女兒呀!

做為莊老和卿珍姐的女兒,文郁,我羨慕你!

# 文郁紀念冊　癌症藥劑師天使

卿珍姐告知文郁腹部腫瘤的不幸消息。緊跟著的化療、手術、以及繼續化療；定期地開車前往休士頓治療。來回的奔波，心力的交瘁，病人瘦了一圈，父母也瘦了一圈。

與病魔奮鬥的文郁，我心疼你！

治療後，頭髮逐漸長出，蒼白的臉色染出粉紅，即使必須奮戰腫瘤手術所帶來的許多不便，文郁的笑容繼續甜美。

勇敢堅決的文郁，我為你加油！

怎麼腫瘤、癌症就這麼重複在同一人身上呢？白血病！不幸的消息，天大的打擊！這病例在醫學界，經由親屬幹細胞轉移，成功率頗高。然而，COVID-19卻先一步追上，帶走了文郁。我震驚心痛不已！

莊老和卿珍姐待我情誼深厚，我心中非常感動，尊敬他們如同親人。痛失女兒的傷痛，我無法想像，無法安慰，只能盡自己所能。

文郁，我想念你！

## 無端風雨摧花殘—憶文郁

◎高婷鈴

四月三日加州橙縣

去年秋天,有機會到達拉斯探訪莊伯伯和陳阿姨。注意到客廳壁爐台上,一張張文郁淺笑盈盈的照片。年過八旬的陳阿姨,用無限依戀的眼光,看著愛女的身影,低聲絮絮起如煙往事,不禁也讓我沉浸入無盡的回憶中⋯⋯

母親和陳阿姨是相交逾半世紀的知心好友,兩個人在新莊國小教書、為人師表、結婚生子、相繼出國的青春歲月。我們兩家的孩子,小時候理所當然地一塊兒相伴成長;但是在出國後,雙方分別落腳德州和加州,距離遙遠,只能偶爾相聚而已。

在久久一次結伴同遊的歡樂之間,夾雜的是更多在異國奮鬥的辛酸歲月。身為高級知識分子的莊伯伯和陳阿姨,在德州的小城開起了中國餐館,成天陷身於油鹽醬醋的混亂中,沒有太多時間能分給文正和文郁這對小兄妹。

我們家的經濟情況比較好,但是父母在台灣公司陷入危機的無奈情況下,也常常一返台就是兩三個月,把我們三個中學生,連同房子、

# 文郁紀念冊  癌症藥劑師天使

支票簿和汽車留在加州自求多福。但是上天應該是有看到我們的努力：兩對移民父母，終於在美國穩穩地站住了腳，孩子們也都分別成醫師、藥劑師、工程師、教師、企業經理等專業人士。看起來情勢一片大好，故事應該以「從此以後大家過著幸福快樂的日子」結束了吧？

可惜人生的故事和童話書，不是同一個作者寫的。幾年之後，就傳來文郁婚變的消息，而且結婚不久的丈夫，竟然做出毫無預警地人間蒸發。那時我剛好去了德州唸醫學院，和他們一家人偶爾有見面的機會；照理說，經過如此沉重的打擊，心理上的創傷應該不容易平復，但是文郁始終以樂觀正向的態度面對。在我的畢業典禮上，她笑容滿面，連聲向我道賀，給人的感覺有如溫煦的春陽。這種無怨無尤的平和，真不知是走過多少漫漫長夜，才能擁有的境界？

對從忙碌的餐館生涯退休的兩老，女兒的二度單身，讓家人有了千金不易的親密相處機會。莊伯伯和陳阿姨搬到文郁工作的達拉斯，住在徒步就能往來的距離。孝順貼心的文郁，不僅以藥劑師的專業知識，細心照料父母的健康，在日常生活中更是殷殷相伴：和兩老共餐、品茶、散步、出遊，一家人享盡天倫之樂。我在2014年的深秋，曾經偕先生和女兒安安去德州造訪莊家，並且和兩位長輩同乘郵輪暢遊加勒比海。文郁也來莊伯伯家和我們相聚，她仍是親切

開朗、言笑晏晏,全家和諧的氣氛令人如沐春風。文郁尤其喜歡小安安,一直誇她乖巧可愛;安安和文郁阿姨也十分投緣,跟前跟後地粘著她,直到返家後還念念不忘。後來我寫信跟陳阿姨說:「很希望以後還能有機會和陳阿姨、莊伯伯一起旅遊,如果喜愛安安的文郁阿姨也能同行,那就更完美了!」

　　但是人生無常。那時歡聚一桌的所有人,都沒有想到這是我們一家三口,最後一次和文郁的快樂聚會 – 幾個月後,她就被診斷出很嚴重的病:腹腔裏長了一顆罕見的巨型惡性腫瘤。文郁依舊保持她一貫樂觀、堅強、淡定的態度,以過五關斬六將的精神,面對生命中一波波的驚濤駭浪:在親人、同事和朋友的支持下,走過一次次的化療、放療、手術、成功地割除腫瘤、回歸工作和正常生活、和父母出國旅行…再來不幸惡疾復發、被庸醫所誤大損腎臟功能、裝設尿管尿袋、進行腎臟手術…又因化療後遺症引發血癌、被迫進行更多化療…在風雨中載沉載浮的一葉小舟,最後終於無法抵擋席捲全球的疫情巨浪,在一年前被新冠肺炎吞噬、沒頂了。即使哥哥文正有著完全能配對的骨髓,也十分樂意捐贈給妹妹,但仍因她的體力太過虛弱,難以承受移植手術而無力回天。

**文郁紀念冊** 癌症藥劑師天使

「連年事如許,天道杳難知」。至今所有深愛文郁的人,依然百思不解: 什麼這樣善良、孝順、敦厚、熱愛生命的女子,必須負擔如此多的痛苦和磨難?我不知道這個問題的答案,但是我知道文郁已經去了一個更美好的地方,再也沒有任何病痛和苦難。總有一天,我們會帶著微笑在那裏相會,一起緬懷昔日那些溫柔似水、閃爍如金的悠悠歲月。

## 親愛的文郁

◎高鈞偉

三月二十日於加州洛杉磯

我跟妳,是青梅竹馬的關係。

我們雙方的父母,是最要好的朋友。在妳我的童年時期,我們兩家人一起出遊當然也成了再自然不過的事情。兒時的記憶如今已漸模糊,但永不會遺忘的,是每次從父母處得知又可以和文正文郁一起出去玩的興奮感。而泛黃的黑白照片裏,紀錄的是我們一同爬山,登上峰頂之後高舉雙手,歡呼慶祝的笑容。妳這個可愛的小妹妹在我成長的過程中,扮演了一個非常重要的角色。

# 文郁紀念冊 癌症藥劑師天使

　　一九七三年，你們全家突然決定移民美國。年幼的我們，那裏懂得什麼叫做離愁，可是卻也對以後何時能再見到玩伴感到些許的惆悵。萬萬沒有想到的是，五年之後，我們也跟著移民赴美。到了洛杉磯之後，爸媽已經迫不及待地想要看到老朋友啦。所以即使加州到德州是台灣頭到台灣尾五六倍的距離，我們仍是跳上車子一路殺到拉伯克那個小鎮，並在接下來的兩個禮拜重溫兒時舊夢，兩家人玩遍了附近的幾個州。有趣的是，五個小朋友雖多年沒見，再度相聚竟毫無陌生的感覺。我想，真正的友誼應該就是這樣的吧？那次愉快的旅行，我印象最深的便是我們一起在雪佛蘭房車的後座三三八八的改編真善美的歌曲。年輕的我們啊，連唱唱"Doe, a note to follow tea. Ray, a note to follow Doe…"都能夠覺得那是天下最好笑的事情了！

　　我們各自成長。雖然我們的父母連絡依舊頻繁，妳我卻忙著自己的學業家庭事業而減少了聯繫。再跟妳講到話，已是妳生病之後的事情。那幾年，我因失去雙親的痛，陷入人生的低潮，以至於沒能給予妳適時的關切，至今仍覺後悔。不過坦白說，當時我並沒有很擔心，到底癌症不再是絕症，我堅信妳一定會好起來的。

等妳病情惡化，我才開始定期寫簡訊鼓勵妳，替妳加油。這份關心，來得太遲也太少。那段日子，我一再寫給妳說養病要緊，我的簡訊妳讀就好，不用回。然而體貼的妳，仍忍著病痛硬撐著寫回來給我。那個從小一起長大的小女生，多年以後，即使承受著苦難，依然散發著陽光，照亮身邊的。

　　最後一次跟妳講到話，是二○二一年的春節。我打電話給妳父母拜年，你正好也在旁邊。「文郁只剩半條命囉！」話筒的另一端傳來妳爽朗的笑聲，沒有一絲無奈，沒有怨天尤人，任誰都無法從那愉悅的聲音中找到一個飽受煎熬的靈魂。幾個月後，勇敢的妳，終究是打輸了這一仗。

　　親愛的文郁，妳的離去，帶給了所有愛妳的人悲痛和不捨。這一場和病魔的戰爭，唯一受益的只有妳要去的地方那些人，因為他們得到了一個樂觀開朗，溫柔體貼的天使。等我們再見面那一天，我們再一起爬上山頂，一起高唱真善美的歌。願妳在另一個沒有煩憂，沒有病痛的世界一切都好！

Love！

# 追憶文郁

◎嚴琪

在莊太要我給文郁的書冊寫點什麼的時候，多年未有寫任何東的我心裡萬分惶恐！但下來腦海裡浮現出文郁甜美的笑，堅定的性格，對父母的愛心等許多畫面磅礴而出，內心即便再困難也要勉力寫下去！

記得從飛機場第一眼看到文郁的時候我忐忑的心情一下就平復了。因為我之前照顧過我因癌症而去世的男友，那種身患絕症而失去生機的眼神，抑鬱寡歡 有一絲笑容的面孔，在文郁的身上完全看不到。

後來在與文郁相處中才知道，當時她心裡也是十分驚恐，萬分擔憂，但是她說必須面對誠實，積極參與與治療，用愉快的心態過好每一天，為了她的父母也為她自己，那是她唯一能做的。

後來跟文郁在一起的日子也總能看到她甜美的笑容，使我現在一想到她，第一個浮現出來的畫面就是那張笑。

讓我記憶深刻的印象，那時我剛到達拉斯不久，和她一起開車回家，她對我說這個世界上對她最重要的人，她最愛的人就是她的父母，對她父母好的人和事她也會喜歡，對他們不好的人和事她也會不開心，為了父母她治療再痛苦也會挺過去，因為她知道父母最愛的人是她。在後來的幾年裡，我也充分地感受到她和父母之間，最真摯最純潔最深刻的感情！為了陪著女兒做治療，老邁的莊老和莊再加上我，一起客居在休士頓幾個月，雖然諸多不易，但在偉大的愛心下，和他們的盡心盡力付出中，我們盡量把生活過得有滋有味。

　　文郁在網上找出可以帶我們去遊覽的地方，品嚐美味的餐廳。在她不做治療的時候，就開車帶我們去。我們去過郊外的沼澤地國家公園、多個海邊小鎮，吃過美味的海鮮，地道的牛排還有怪味的中東菜。每次我問她做了治療還陪我們到處逛，覺得辛苦嗎？她總是甜甜的笑說沒有問題。莊老和莊太是我見過最偉大父母，那種愛是無法言傳，看到 80 多歲的他們身體筆直地坐在等候室，無論是在等候治療還是手術，也不管是多少小時，讓我撼動。

# 文郁紀念冊  癌症藥劑師天使

為了讓文郁有胃口就忙前忙後做各種美食，為了文郁復原迅速，就帶著她一起走路運動。還有生活中無話不說的親暱等，點點滴滴都讓人感到父母和孩子的愛。在休斯敦我們住過酒店、公寓，朋友家還有教会。每次檢查治療和手術，二老都在默默的守候和祈禱，多少个日日夜夜相濡以沫中度過。有這樣的父母文郁說讓她從容面對艱難，她以後的日子一定要愉快的度過。無論她活多久。

從休斯敦到達拉斯大概4—5小時車程，我都和他們一起就走過好幾次，沒有一次聽他們說辛苦。每次看着文郁做治療後還能堅持開車的面容，我都不知道她怎麼支持下來的，真心佩服她的毅力和能力。

今晚抬頭看夜空上仲夏夜裡銀河如練，掬一捧光華萬點，皎皎萬歲春秋。寒來暑往，枯榮明滅。

想起最近看的一部小說中，有一位老人對孩子說「死了就是得道成仙了。」也許文郁去了另外一個世界。

不用把思想禁錮在逝去的悲傷，像文郁說過的做好現在自己該做的事。無論是父母、朋友。

相逢就是一種幸福，無關生死。人心可富有四海也可身陷囹圄，端看你自己的心愿！

## 來自媳婦的追憶

◎媳婦 Sherri
(From my daughter-in-law)

Wenyu was my sister-in-law. In the early years of getting to know her, I knew she loved to learn and was so very intelligent. She achieved multiple degrees and seemed to always be in the pursuit of knowledge. To hear her co-workers talk of her contributions in her job, it makes you understand just how she poured herself into all she did. Wenyu loved to travel and experienced incredible places around the world. She later shared some of that love of travel with my daughter, Kaylee. They made memories that will last a lifetime. Wenyu was a very passionate person. This was evident to me when I saw her love of family and her love of animals. She fell in love with and cared for many dogs. This was just another indication of her big heart. They were part of her family. If I were to choose a word to describe Wenyu's passion for her parents, it would be fierce. Her parents were everything to her

and she loved them fiercely. She would do anything to take care of them and to make sure they were comfortable. She was also very protective of them, and she was very generous with them. Wenyu left a legacy with her friends and co-workers. She left a huge hole for her family. She continues to be missed.

*Sherri Chuang*

## 來自孫女 Kinsey 的追憶

◎孫女 Kinsey
(From my grand daughter)

In life, you meet and know various types of people. A lot of people come and go, but many remain constant. In childhood, having those constants always being there to love you is vital. Wenyu was one of those people. Wenyu was my aunt. More importantly, she was a friend, a go-to when in need, and a lively spirit. She was always intentional about hanging out with me and my sister. She would take us to the movies, share her life with us, and put all things aside to ensure she was there for us. She treated us like we were her own even when she didn't have to.

Things in GooGoo's life were not always easy and had challenges along the way, but she always made the most in life. She never stopped caring about others and always fought for those that were less fortunate. She inspires me to work harder in life, love others better, and always take care of those in need. She was kind, intelligent, and generous. Having such

extraordinary qualities and a loving heart, we are saddened that she was not able to meet our son, Peter, but we'll never stop telling him how great she was. Our time with her was cut short, but we remember who she was and who she continues to be in our lives. We are thankful to have known her and to love her.

*Kinsey Garner*
(Wenyu's niece)

## 來自孫女 Kaylee 的追憶

◎孫女 Kaylee
(From my grand daughter)

This is a letter to tell you a little about my aunt, Wenyu Chuang, or as I called her "Gugu". To start off, I should tell you about her personality. My aunt was strong willed, caring, and adventurous. Now let me explain why I chose each of those specific words to describe her.

The term strong-willed immediately comes to mind when I think of my aunt because she went after what she wanted. You can see this continually when you reflect back on the life she lived. She loved education and the ability to continually gain knowledge. She worked hard throughout school and graduated with multiple degrees. Though most people will see her success, I saw a more vulnerable side of her strong-willed personality. I saw her go through chemotherapy and never complain about the pain. I remember asking her how she felt because I could only imagine the sickness you go through. She always said she was doing

good, even though I knew she was hurting. She always spoke positively with hope and thankfulness. After her surgery from her first cancer, we spoke on the phone. She was so grateful because everything went so smoothly. When she was in the hospital again, she still never complained about anything. I was always amazed by her. I knew she was being tough for me, but I always admired her strength. When she was in the hospital over the summer, I would go and visit her. I would bring my GRE book to study in case she was sleeping. Even though she was in the hospital, she insisted that she help me study. We would quiz each other on vocabulary words. She would of course get them all correct, while I got them all wrong, but she gave me ways to remember the vocabulary words. The week after she passed away, I found out I got into the master's program at UTD. She always encouraged me and pushed me academically to do what I wanted because I could accomplish anything I set my mind to. UTD is very competitive, and I was sure I wouldn't get in, but she always said I was smart enough to do it. I wish I could have told her that I got in. I know she would have been so proud!

The next word I used to describe her is caring. It has truly been eye opening seeing all the people who loved her come together in the difficult times after her passing. She made an impact on so many people around her. I saw how caring she was by the way she took care of Nini and Gongon. She took care of her parents and ensured they had everything they needed. I know she cherished the nightly dinners with them. She would tell me how much she loved going to Nini and Gongon's house for dinner after work and always eating the best foods. She wanted the best for her parents, and she made it clear through her actions. Another caring aspect that we can all agree on is the love she had for her dogs. There are certain people that form special connections with animals and Gugu was one of them. She loved on her animals and was sure to treat them like her children. I know for a fact, there is no dog better off than under the care of her. Each dog she cared for lived the best life possible. I have noticed her caring nature through conversations with her friends. The hospital she worked at dedicated a brick to her. At the dedication, there were so many people there, from other pharmacists, to nurses. It didn't matter the profession, she would treat you with kindness. As I have spoken to her friends, they

all have different stories of how she impacted them. Whether it be by sharing her food that Nini made, bringing them gifts from her travels, or just being a caring friend.

The final word I used to describe her is adventurous. She loved to travel with friends and family. She and I went to Colorado and Spain. We went on a short trip to Colorado and explored the mountains and lakes. We bought a baguette and spam and walked around a lake until we found the perfect picnic spot. She told me stories about her, my dad, and grandparents. I always enjoyed hearing old stories about my family. After our Colorado trip, she called me around my birthday and said she wanted to take me to Spain. I was ecstatic! I had never been to Europe and couldn't wait for this adventure. We decided that we were the best travel buddies! We always had fun together and loved to explore. We went to Madrid, Barcelona, Granada, and Seville. We were amazed the entire trip, from being picked up from the airport in a Porsche to seeing La Sagrada Familia, exploring the work of Gaudi (my favorite), going on tours in Barcelona, seeing the beauty at Alhambra, and eating lots and lots of tapas!! We talked, laughed, shopped, and enjoyed Sangria the entire trip. I will always cherish those memories and think back on them when I think of my aunt. Though I loved our big trips we went on, we didn't need a big trip to be able to spend time together. I remember going to countless movies together. We loved to eat dinner and watch movies. A special collection of memories for me is when we would go to Olive Garden. That was my favorite place to go. I would get Fettuccine Alfredo every single time. We would talk about Nini and Gongon as children, and then her and my dad as children. She always wanted me to know how much Nini and Gongon loved me, and how hard they worked to provide for our family.

My aunt was loved by many, and she took care of those that she loved. She was a good friend, a fantastic daughter, and a loving aunt. She encouraged and pushed us to be our best selves and would call us out when she noticed we were less than our best. She advocated for her patients, family members, and herself. She was so strong, even when she was hurting. She laughed through difficult times. She helped others, even when she needed help. Towards the end of her life, she stayed with my mom, dad and me. We helped her the best we could. She was always so thankful and expressed her gratitude constantly. I told her once that I

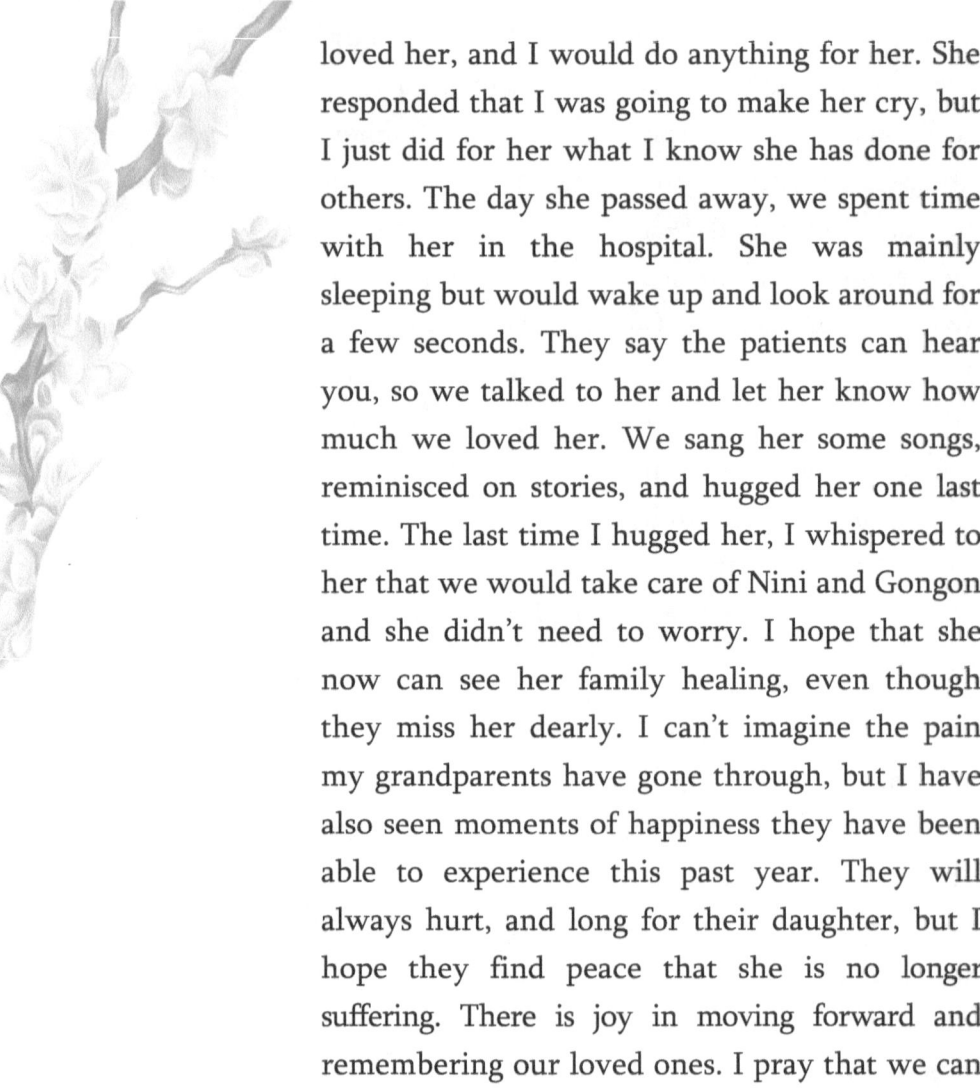

loved her, and I would do anything for her. She responded that I was going to make her cry, but I just did for her what I know she has done for others. The day she passed away, we spent time with her in the hospital. She was mainly sleeping but would wake up and look around for a few seconds. They say the patients can hear you, so we talked to her and let her know how much we loved her. We sang her some songs, reminisced on stories, and hugged her one last time. The last time I hugged her, I whispered to her that we would take care of Nini and Gongon and she didn't need to worry. I hope that she now can see her family healing, even though they miss her dearly. I can't imagine the pain my grandparents have gone through, but I have also seen moments of happiness they have been able to experience this past year. They will always hurt, and long for their daughter, but I hope they find peace that she is no longer suffering. There is joy in moving forward and remembering our loved ones. I pray that we can all find comfort in the memories and experiences we have shared with my aunt. She would want us all to continue living life to the fullest, being strong, caring for others, and going on many adventures, just like she taught us!

## ◇後記：跟女兒說話

◎陳卿珍

女兒於 2021 年三月十四日，永遠離開了我們。

跟她說了五十四年的話，忽然沒有了回聲，剩下老母親獨自的呢喃！

女兒在世的時候，因為住得近，到我家共進早晚餐。早餐趕上班，我們說話不多。

晚餐邊用餐邊聊天，有許多講不完的事情。女兒是藥劑師，多半說她上班時的一些事情。

「今天那位年輕的癌症病患過世了，他的父母親哭得好傷心。」

## 文菲紀念冊  癌症藥劑師天使

「上次乳癌康復的年輕女生，送我一盆好漂亮的蘭花。」

「那位得皮膚癌的小姐，她媽媽每天小心又小心替她把潰爛的皮膚塗藥，女兒忍不住還是唉唉叫痛，看得我好心疼。」

女兒在醫院癌症專科做藥劑師。那時好朋友勸她，在這部門做，每天跟癌症病人配藥打針，看他們受苦受痛，心情一定受影響，不如換個部門工作吧！

女兒跟我們傾訴，是讓我們分擔一點她的心情吧！

我們靜靜的聽，說話不多，有時也不知從何說起。我拍拍她的肩膀，握握她的手。給她多揀點好吃的菜肴。她邊吃邊說「媽媽，好吃，好好吃啊！」

光陰如箭，女兒走了一年半，再吃不到我做的食物，不會說好吃的讚美話，只剩人去茶涼的悽愴！

貼心的媳婦替我做了一個雞心形的項鍊，鑲嵌著女兒兩張照片，掛在心間。跟女兒有心心相印的親密，更能貼心的講私己話。

每天早晨帶她留給我的兩個狗兒走路，那是跟女兒說話最多的時刻。沒有掛心的家事，沒有電話的打擾，我邊走邊跟女兒說話，說得專心一致。

　　「媽媽昨天晚上又做惡夢了，妳爸爸打我兩巴掌才醒來。」

　　「今天晨走兩個狗兒都好乖，沒有做他們每天的大事，省卻我彎腰處理的麻煩。」

　　「最近達拉斯的天氣超熱，大概把雞蛋放在外面十分鐘，就能煮熟了。」

　　「今天孫女過生日，我們請她來家吃涼麵，那也是妳最愛的一道媽媽做的菜。」

　　「好朋友今天送來四個好吃的蘿蔔絲餅，妳應該也愛吃的。」

　　所有生活中點點滴滴大小事，都像寫日記般，跟女兒說話匯報。

　　女兒的骨灰盒放在我臥床旁邊的櫃檯上，早晨起床第一句話就是「丫頭，早安！」

　　晚上睡覺前說一句「丫頭，晚安！」丫頭是我對女兒的暱稱。

　　大廳櫃檯上放一張女兒的放大照片（總不願意用「遺像」這兩個字）。走過來走過去，都叫一聲丫頭，每天經過她的照片許多次，叫許多次的丫頭，說很多已經跟她說過的話。

**文郁紀念册** 癌症藥劑師天使

很多時候也只是叫她一聲，有時叫一聲卻忘了要跟她說什麼。幾聲丫頭的呼喚，叫出我整眼眶的淚水。

也說一些好消息讓她聽了高興的。

「後院的蓮花又同時開了兩朵。」把手機上漂亮的蓮花秀給她的照片看。

「妳沒見過面的姪孫，我們的曾孫今天來我們家了，長得眉清目秀，好漂亮啊！妳如果看到，一定會喜歡他的。」

「今天好朋友帶食物來家共進午餐，油燜大蝦、清蒸鱈魚、干貝白菜粉絲。都是妳愛吃的，妳如果能參加，會為午餐增添多少快樂時光。」

盡量不說負面的消息，不要讓人世間的悲情感染女兒已經安息的靈魂。

女兒走後，總希望能在夢中見她一面，卻總不能如願。「是不是天國太遠，回來一趟不容易呢？」

昨天終於難得一次夢到她，還是平常的衣著，好像消瘦了一些，夢裡的情境總是聚焦不太集中，看得不很真切。

女兒指著身邊的背包跟我說「媽媽我準備好了一切，到時背著背包上路就好。」是在夢中跟我道別嗎？媽媽醒來，眼角一行清淚從左眼流到右眼，妳要去多遠的地方呢？遠得媽媽跟妳說話都聽不到了嗎？

　　妳爸爸告訴我，他昨晚夢到妳了，跟妳說了很多話。

　　妳爸爸是位情感內斂的人，愛妳的感情深藏不露，不像媽媽常常用淚水洗滌傷痛。

　　爸爸在病房陪伴妳的日子，常常說歷史故事，唱好聽的歌曲給妳聽。有時聽著聽著妳睡著了,有時歡喜的說「爸爸這首歌您教我唱過，我也會唱。」

　　他寫的懷念妳的文章，最後的結語是「女兒啊，爸爸還有很多好聽的故事和歌曲，都還沒來得及給妳聽，女兒，魂兮歸來！」

　　有句話說「不哭過長夜不足以語人生。」

　　我哭過許多長夜，人生的話語失去了女兒這位聽眾。

　　以前在病房陪伴妳一天，要回家時，妳流著眼淚跟我說「媽媽，我愛您，我愛您！媽咪，我非常非常愛您！」是對媽媽天長地久的愛，也是對媽媽不捨又必須離開的愛，像轉盤的留聲機，一遍遍說給我聽。

## 文郁紀念冊 癌症藥劑師天使

　　妳爸爸的三位外甥，合作替妳製作了一本紀念相冊。把妳從小到大的生活點滴，用一張張照片栩栩如生的呈現在我的面前。我跟照片上的妳說話，說得有笑有淚。妳對我絮絮叨叨沒有對應。是啊！人天遠隔，照片上的妳哪能回應呢！

　　說了五十四年的話，好像昨天妳還在我身邊，一轉眼身邊沒有了妳的聲音，留下媽媽獨自的呢喃。

　　只能撫摸著掛在心間妳的照片，繼續跟妳說話，不停的說話給妳聽。丫頭，妳聽得到嗎？妳能聽到嗎？

# 悼念

# 文郁紀念冊
## 癌症藥劑師天使

*In Loving Memory to Our Daughter Wenyu*

作　者／陳卿珍　莊榮南
出版者／美商 EHGBooks 微出版公司
發行者／美商漢世紀數位文化公司
臺灣學人出版網／http://www.TaiwanFellowship.org
印　　刷／漢世紀古騰堡®數位出版 POD 雲端科技
出版日期／2023 年 3 月
總經銷／Amazon.com（亞馬遜 Kindle 電子書同步出版）
臺灣銷售網／三民網路書店：http://www.sanmin.com.tw
　　　　　三民書局復北店
　　　　　地址／104 臺北市復興北路 386 號
　　　　　電話／02-2500-6600
　　　　　三民書局重南店
　　　　　地址／100 臺北市重慶南路一段 61 號
　　　　　電話／02-2361-7511
　　　全省金石網路書店：http://www.kingstone.com.tw
中國總代理／廈門外圖集團有限公司
地　　址／廈門市思明區湖濱南路 809 號國際文化大廈裙樓 5 樓
定　　價／新臺幣 450 元（美金 15 元／人民幣 100 元）

2023 年版權美國登記，未經授權不許翻印全文或部分及翻譯為其他語言或文字。
2023 © United States, Permission required for reproduction, or translation in whole or part.